KB136682

소리 없는 전쟁

독도戰

소리 없는 전쟁

글쓴이 박찬열 · 정꽃님

펴낸이 최윤정 **펴낸곳** 도서출판 나무와숲 **출판등록** 2001-000095
주소 서울특별시 송파구 올림픽로 336 1704호(방이동, 대우유토피아빌딩)
전화 02-3474-1114 **팩스** 02-3474-1113 **e-mail** namuwasup@namuwasup.com
ISBN 978-89-93632-51-4 03910 **펴낸날** 2015년 10월 22일 초판 1쇄

값 15,000원

* 이 책은 MBC재단 방송문화진흥회의 지원을 받아 출간되었습니다.

* 이 책의 무단 전재 및 복제를 금지하며, 글이나 이미지의 전부 또는 일부를 이용하려면
반드시 저작권자와 도서출판 나무와숲의 서면 허락을 받아야 합니다.

* 잘못 만들어진 책은 구입하신 서점에서 바꿔 드립니다.

방송문화진흥총서 160

소리 없는 전쟁

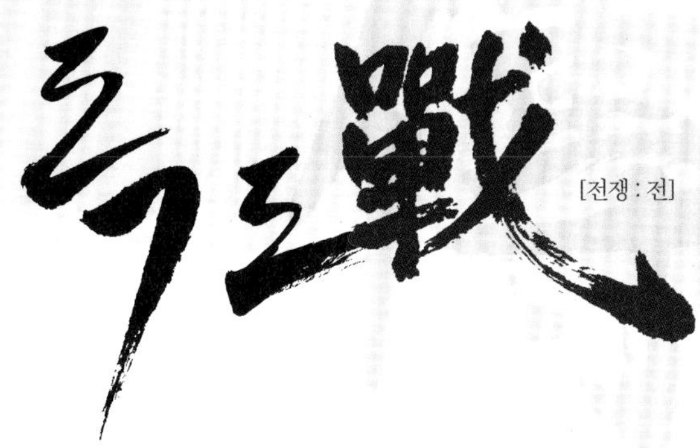

[전쟁 : 전]

박찬열 · 정꽃님

독도 분쟁 연대표

태종 재위기 1400~1418	1416	『태종실록』 33권 신하들과 우산·무릉도 주민의 쇄출 문제를 논의하다.
세종 재위기 1418~1450	1437	『세종실록』 76권 **쇄환정책**을 지속하기로 결정하다.
숙종 재위기 1674~1720	1693.4	일본, 안용복·박어둔 강제 연행하다.
	1693.11	조선 어민들의 죽도 출입 금지를 요청하는 쓰시마번의 서계가 조선에 도착하다.
	1693.12	남인 정권의 모호한 회답서 "우리나라의 울릉도"와 "본국의 죽도" 모두 삽입.
	1694.2	도다 요자에몽, 남인 회답서에서 '울릉도' 삭제 요구 거절당하자, 남인 정권의 회답서를 조선에 둔 채 일본으로 돌아가다.
	1694.3	갑술환국 남인 정권 몰락하고 소론 세력 집권하다.
	1694.5	도다 요자에몽, 조선으로 돌아와 '울릉도' 삭제를 재차 요구하다.
	1694~	영의정 남구만. 1693년 회답서에 대한 문제제기를 하다.
	1694.8	남구만, 도다 요자에몽에게 새로운 회답서 보내다. "우리나라 강원도의 울진현에 속한 울릉도"
	1694.6~	역사적 근원을 앞세운 양국 간의 본격적인 외교 분쟁 시작되다.
	1694.9	**1대 수토사 장한상, 울릉도 수토에 나서다.**
	1695.6	도다 요자에몽, 오랜 논쟁 끝에 교섭 결렬되자 쓰시마로 돌아가다.
	1695.12	에도 막부, 돗토리번에 울릉도의 소속에 대해 질의하다.
	1696.1	**죽도도해금지령** "요나고의 상인 '무라카와 이치베'와 '오야 진키치'가 죽도(울릉도)에 도해하여 현재까지 어업을 해왔지만 향후에는 죽도 도해 금지를 명하니 이를 명심하라."
	1696.5	안용복, 2차 도일

	1711	수토사 박석창, 울릉도 수토에 나서다.
헌종 재위기 1834~1849	1836	하치에몬, 울릉도 불법 도해로 처형당하다. 대마도 종가 고문서 no.4013 작성 "죽도와 송도는 모두 조선의 땅인가?"
	1837	**'죽도도해금지령' 일본 전역에 재반포하다.**
고종 재위기 1863~1907	1876.7	무토 헤이가쿠, '송도개발건의서' 제출하다.
	1876.10	도다 다카요시, '죽도도해청원서' 제출하다.
	1877.3.29	**태정관 지령** "죽도 외 1도는 일본의 영토가 아님을 명심하라."
	1881	고종 18년 수토사가 왜인들의 울릉도 벌목 실태를 목격하다.
	1881	일본 기타자와 세이세이, 『죽도고증』 발간하다. '공도정책' 주장
	1882	검찰사 이규원 파견, 울릉도 개척 시작하다.
	1900.10.25	**대한제국 칙령 제41호 반포**
	1904	나카이 요사부로, '량코도(독도)의 편입 및 임대 청원서' 제출하다.
	1905.1.28	**일본, 량코도(독도) 시마네현 편입을 위한 각의 결정**
	1905.11.17	을사늑약 체결
	1906	심흥택 보고서 "본군 소속 독도가 일본의 영지가 되었다고 한다."
순종 재위기 1907~1910	1910	한일강제병합

책을 내면서

이 책은 2014년 포항MBC에서 방송한 TV 다큐멘터리 〈독도傳〉(이야기 전)을 바탕으로 쓴 것입니다. 다큐멘터리 제작 과정에서 취재, 발굴한 한·일 독도 문제의 핵심과 새로이 발견된 증거들을 시청자뿐만 아니라 일반 독자들에게 소개하기 위해서입니다. 방송 다큐멘터리의 특성상 한 시간이란 편성 시간에 맞추어 제작하다 보니 취재 과정에서 발굴한 가치 있는 사료나 역사적 사실들을 모두 담아내기 어려웠던 아쉬움이 있었습니다. 다행히 이 책의 발간으로 의미 있었으나 담지 못했던 자료들을 알릴 수 있게 되어 기쁩니다. 많은 사람들이 한·일 관계사 2000여 년의 시간 중, 분쟁의 꼭짓점에 위치한 독도 문제에 대한 이해가 넓어지고 깊어지는 기회가 되었으면 합니다.

다큐 〈독도傳〉은 애초에 경상북도 울진군의 제작 요청으로 시작되었습니다. 울진에 위치한 '대풍헌'을 중심으로 조선시대 울릉도로 향했던 '수토사搜討使'의 의미를 찾아내 조선시대 이후 공고하게 지켜낸 동해와 독도 영유권에 대한 주장을 다룰 계획이었습니다.

하지만 취재하다 보니 수토제와 관련된 사적과 사료의 부족으로 수토제搜討制 관련 내용만으로는 한 시간짜리 다큐멘터리를 채우기 힘들지 않을까 하는 막막함을 느꼈습니다.

그런데 '수토사'는 뜻밖에도 한·일 간 독도 문제의 '본本'과 '말末'이 될 수 있는 귀중한 역사적 사건과 진실을 품고 있었습니다. 그것이 바로 일본에서는 '죽도(다케시마)일건'이라 부르고, 조선에서는 '울릉도 쟁계'라 부르는 한 사건입니다. 320여 년 전 동해상의 한 섬을 둘러싸고 벌어졌던 한·일 최초의 영토 분쟁 '울릉도 쟁계', 혹은 '죽도(다케시마)일건'이란 이름으로 기록된 일련의 사건들은 2015년 현재에도 벌어지고 있는 독도에 대한 일본의 도발, 즉 독도에 대한 일본의 욕망의 시작과 본질을 보여주고 있습니다.

〈독도傳〉은 단지 독도만의 이야기, 독도의 소유권을 다룬 다큐멘터리가 아닙니다. 반도의 국가 조선, 열도의 국가 일본, 이처럼 가까이 이웃한 두 나라가 동해를 사이에 두고 자신이 살아남기 위해 필요한 바다와 땅(섬)을 차지하기 위해 벌였던 전쟁 이야기, 즉 '독도戰'(전쟁 전)이기도 합니다.

대륙만을 바라보고 정권의 안위만이 유일한 관심사였던 어느 위정자들에게는 쓸모없는 거친 풍랑의 바다와 한 점 티끌 같은 섬이었겠지만, 그 바다를 터전으로 살아온 조선 동남해안 어민들과 일본 서북부 어민들에게는 그 무엇보다 소중했던 섬이 바로 동해에 태산처럼 우뚝 솟아 있는 울릉도였습니다. 봉건시대 위정자들에게 내몰린 누군가에게는 무릉도원이었으며, 도착만 할 수 있다면 풍어와 만선으로 주린 배를 채우고 부자도 될 수 있게 해주는 섬, 그 섬이 바로 '울릉도'였습니다. 일본인은 그 섬을 '죽도(다케시마)'라고 불렀지요.

지금도 마찬가지지만 '동해'란 바다는 온전히 우리의 것일 수도 없지만, 일본 역시 마찬가지였습니다. 그러나 지난 역사에서 우산국을 정벌하여 동해의 주도권을 먼저 잡은 쪽은 우리여서 일본은 욕망을 억누를 수밖에 없었습니다. 하지만 욕망이란 늘 그러하듯이 틈을 비집고 나오게 마련입니다. 임진왜란 이후 조선의 영향력이 약해진 틈을 타고 일본의 욕망은 마침내 울릉도에 상륙합니다.

'바다와 섬', '의지와 욕망', '빼앗으려 하는 자와 지키려고 하는 자'의 이야기. 320여 년 전 시작된 이 이야기는 아직 현재진행형입니다. 그래서 '독도傳'은 '독도戰'이기도 합니다. 그 과정을 간단히 줄여 이야기하면 1차전은 승리, 2차전은 패배라고 할 수 있습니다. 그렇다면 현재 치러지고 있는 3차전은 과연 승리하였다고 안심할 수 있을까요?

아마 독자들 중에 이름은 '독도전'인데, '울릉도 쟁계'니 '죽도일건'이니 하는 다소 생경한 역사적 소재와 사건들이 언급되고 있어 독도 이야기는 언제 나올까 궁금해하실 수도 있을 것 같습니다. 하지만 울릉도 영유권을 다투었던 그 사건 안에 독도는 오롯이 울릉도의 부속도서로 위치를 점하고 있으며, 일본의 억지 주장을 반박할 강력한 증거 역시 그 안에 담겨 있습니다. 힌트를 드린다면, 울릉도를 가지지 못한 일본인들이 현재 독도에 붙인 이름이 '다케시마'라는 것입니다. 아이러니하게도 '다케시마'는 바로 울릉도의 옛 이름입니다.

이 책은 우리 바다와 우리 섬에 대한 영유권 문제가 발생한 1693년 늦가을부터 321년이 지난 올해 2015년까지 상당히 긴 시간에 걸친 자료를 취재, 분석하여 울릉도 영유권 문제의 발생과 충돌 과정, 과거의 결말, 근대 이후 독도에 대한 침탈, 현재 일본의 독도 분쟁화 시도까지 통사通史적 관점에서 일목요연하게 정리한 것입니다.

이 책을 읽는 독자들이 독도 문제를 단순히 '근대 일본의 제국주의적 침탈', '군국주의 부활'의 문제로 보는 시각에서 한 발 더 나아가 이웃나라 일본이 강력한 해양세력으로 성장한 이유를 파악하고 그들이 가진 바다와 섬에 대한 욕망을 이해하여, 일본을 정확히 바라볼 수 있게 되길 바랍니다.

한편 독자 여러분의 이해를 돕기 위해 〈독도傳〉 다큐 영상을 담은 QR 코드를 수록하였습니다. QR 코드를 스캔하시면 관련 다큐 영상을 보실 수 있습니다.

마지막으로 다큐멘터리와 책이 나오기까지 본인의 학문적 성취와 고견을 아낌없이 제공해 주신 여러 교수님과 전문가들께 지면을 빌려 다시 한 번 감사의 말씀을 드립니다. 저술과 출판이란 소중한 기회를 주신 방송문화진흥회와 도서출판 나무와숲에도 감사의 말씀을 드립니다. 그리고 포항MBC 식구들, 좋은 영상을 만들어 준 신재민 촬영감독, 사랑하는 가족에게도 고마움을 전합니다.

2015. 9. 16
박찬열·정꽃님

차 례

2장 19세기 다시 타오른 일본의 욕망 '울릉도·독도 침탈'

프롤로그

사건의 재구성

동해상의 섬

—

한 섬의 소유권을 둘러싼 조선과 일본의 외교 분쟁

평소와 다름없는 날이었다. 울산에서 출발해 동해상의 무인도에 배를 댄 어민들은 벌써 며칠째 해안가에서 일하고 있었다. 전복과 미역을 따기 위해 작년에도 재작년에도 왔던 곳이어서 어민들은 이 섬의 대강을 파악하고 있었다. 이들은 여러 해안으로 흩어져 작업을 했다.

안씨 일행이 작업하던 해안으로 낯선 배 한 척이 나타난 것은 4월 18일이었다. 보아하니 일본 어선이었다. 이곳 해역에서 나는 최고 품질의 전복을 따기 위해 종종 온다는 이야기를 들은 적이 있었기에 크게 개의치 않았다. 작년에도 근방까지 왔다가 그냥 돌아가는 일본 어선을 본 일이 있었다. 그런데 어쩐 일인지 이번엔 그냥 돌아가지 않고 안씨 일행이 있는 곳으로 배를 대는 것이었다.

그로부터 약 6개월 후, 일본이 특파한 대사가 입국했다는 소식과 함께 전혀 예상치 못한 이야기가 우리 정부에 전해졌다. 지난 4월 한국 어민 두 명이 일본 영해와 영토를 침범한 혐의로 잡혀갔고, 6개월 동안 일본에 억류된 채 조사를 받아 왔다는 것이다. 나중에 알려진 바로는 일본어를 할 줄 알았던 안모 씨와 일행 박모 씨에게 물어 볼 것이 있다며 배에 태우고는 무기로 위협하여 잡아갔다고 한다. 일본에 강제구금된 안씨와 박씨는 계속된 일본 측의 심문에 한결같이 "동해상의 섬은 우리나라의 영토이며, 매년 그곳에서 어업 활동을 해왔으므로 문제될 것이 없다"고 주장했다.

하지만 일본 특파 대사는 이들 어민을 우리 정부에 인도한다는 명목으로 입국해 동해상의 섬이 일본 소유라고 주장하고 있었다. 정부는 즉각 외교부장관 특보를 파견했다.

일본 특파 대사의 주장은 간단했다. 안씨 일행이 함부로 들어가 어업 활동을 해왔던 섬은 일본 영토이고, 그동안 이곳을 드나드는 한국 어민들에게 몇 차례 주의를 주었으나 지켜지지 않았기에 공식 조사를 하기 위해 두 사람을 체포했다는 것이다.

하지만 일본이 자기 나라 영토라고 주장하는 섬은 분명 우리나라 땅이었다. 국회와 정부는 일본이 영토 분쟁을 일으키기 위해 벌인 일임을 직감했다. 적절한 대응책을 세우는 것이 시급했다. 일본은 빠른 시일 내에 정식 협상을 진행하자고 요구하고 있었다.

그런데 이 문제를 둘러싸고 여야의 입장이 첨예하게 갈렸다. 야당은 국민의 안전과 영토 주권을 지키는 것이 정부의 최우선 과제임을 강조하며 일본에 강력하게 항의할 것을 요구했다.

그러나 정부와 여당은 일본과 공개적인 영토 분쟁을 일으키는 것은 정권 유지와 국가 안정에 아무런 도움이 되지 않는다는 계산이었다. 정부와 여당은 양국 간의 우호 관계를 무엇보다 최우선으로 고려해야 한다며 조용한 외교를 이어 나갈 것임을 재차 발표했다.

_ 한·일 관계를 장기적인 안목으로 봐야 돼요. 섬 하나 가지고 자꾸 분쟁을 일으키면 안 된다는 겁니다. 그러니까 우선은 이 섬을 공동관리구역으로 두자고요! 지금은 민생 현안에 집중해야 할 시기다 이겁니다. 영유권 문제를 크게 만들어 자꾸 국론 분열을 일으켜선 안 돼요.

일본과의 1차 협상에서 정부는 동해상의 섬을 지금처럼 각각의 명칭으로 병기하고 그 연안을 공동관리수역으로 두자는 내용의 제안을 했다. 하지만 일본은 그 섬이 일본 고유의 영토임을 주장하며 명칭 병기도, 공동관리도 인정할 수 없다는 입장을 고수했다. 1차 협상은 결렬됐지만, 야권은 여당 측의 제안이 영토 포기 발언과 마찬가지라며 거세게 비난했다. 야당 대표는 공식 발표를 통해 다음과 같이 주장했다.

_ '섬 하나 가지고 자꾸 분쟁을 일으키면 안된다', 이것 굉장히 위험한 발언입니다. 우리나라 영토가 분명한 섬을 한·일 양국이 공동관리하자는 제안이 말이나 됩니까? 영토를 포기하는 국가란 있을 수 없습니다. 당장 그 제안을 철회하고 바로잡아야 합니다.

정부의 소극적인 대응에 일본은 더욱더 의기양양해져 그 섬이 자국의 영토라고 거듭 주장했다. 한국에서는 지금껏 섬을 무인도로 방치하고 있던 반면, 일본은 수십 년 간 관리하며 실효 지배를 하고 있었는데 이제 와서 한국이 영유권을 주장하는 것은 도저히 이해할 수 없다는 것이었다. 동해상의 섬을 둘러싸고 벌어진 한·일 영유권 분쟁은 그렇게 장기화할 조짐을 보이고 있었다.

만약 이것이 최근 일어난 실제 사건이라면, 당신은 우리 정부의 대응에 대해 어떤 평가를 내릴 것인가. 아마도 위 여당 대표의 발언을 보며 "지금은 곤란하니 때를 기다려 달라"든가, "일본인 관광객이 줄어들지 모르니 독도 문제는 무시하자"라던 몇몇 정치인들의 발언이 떠오를지도 모르겠다.

흡사 최근의 독도 문제를 연상케 하는 이 이야기는 320년 전에 일어난 실제 사건을 재구성한 것이다. 최초의 한·일 영유권 분쟁의 대상이 되었던 동해상의 섬. 일본인은 당시 이 섬을 '죽도竹島', 즉 '다케시마'라 부르고 있었다. 일본이 그토록 갖고 싶어 했던 다케시마는 어디였을까? 그리고 17세기에 벌어진 이 한·일 영유권 분쟁의 결말은 무엇이며, 지금 우리에게 어떤 영향을 미치고 있는가?

위 사건이 일어났던 숙종조의 기록에서부터 그 답을 찾아보기로 하자.

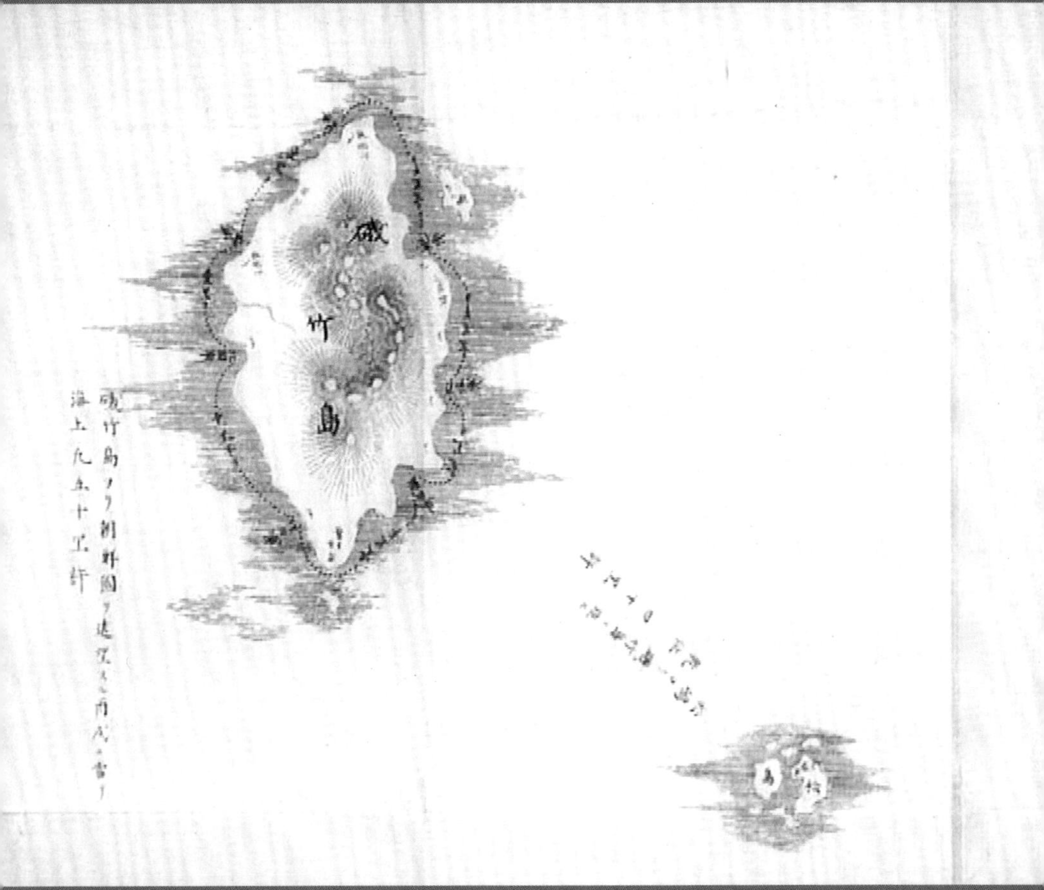

1장

17세기 최초의 한·일 영유권 분쟁 '울릉도 쟁계'

+『울릉도 사적』

”

지금 왜인의 말은

장차 그 해독이 한정이 없을 것입니다.

–

『숙종실록』 1694년 2월

왜인들을 수색하여 토벌하다

–

수토사 장한상

1694년(숙종 20년) 8월, 조선 조정은 동해상의 섬 하나를 두고 일본과 외교 분쟁이 한창이었다. 일본 측 사신인 쓰시마의 도다 요자에몽은 "죽도는 일본의 땅이니 조선 어민들의 출입을 금지하라"며 2년여에 걸쳐 끈질기게 요구하고 있었다.

그러나 일본이 말하는 죽도는 엄연한 조선의 땅, 울릉도였다. 몇 차례 교신을 통해 쓰시마 번주의 계략을 눈치챈 숙종은 영의정 남구만과 함께 대책을 논의했다.

:: 임금이 이르기를, "교활한 왜인倭人들의 정상情狀으로 보아 필시 점거하여 소유하려는 것이니, 전일에 의논한 대로 바로 말을 하여 대꾸해 주어라" 하였다. 남구만이 아뢰기를, "일찍이 듣건대, 고려 의종毅宗 초기에 울릉도를 경영하려고 했는데, 동서가

단지 2만여 보步뿐이고 남북도 또한 같았으며, 땅덩이가 좁고 또한 암석이 많아 경작할 수 없으므로 드디어 다시 묻지 않았습니다. 그러나 이 섬이 해외에 있고 오랫동안 사람을 시켜 살피게 하지 않았으며, 왜인들의 말이 또한 이러하니, 청컨대 삼척첨사를 가려서 보내되 섬 속에 가서 형편을 살펴보도록 하여, 혹은 민중을 모집하여 거주하게 하고 혹은 진鎭을 설치하여 지키게 한다면, 곁에서 노리는 근심거리를 방비할 수 있을 것입니다. 하니, 임금이 윤허하였다.」

일본의 울릉도 침탈 계략에 효율적으로 대응하기 위해서는 먼저 울릉도의 형편을 살펴 적절한 방법을 모색할 필요가 있었다. 그리하여 당시 삼척첨사로 있던 장한상張漢祥이 그 임무를 맡게 되었다. 첨사는 각 진영에 속한 종3품의 무관직이다. 장한상은 본디 내외 무관직을 두루 거치며 무신의 요직을 차지할 만큼 능력이 출중한

인물이었다. 삼척첨사로 재직하기 전에는 종2품 경상좌도병마절도사(각 도의 육군을 지휘하던 책임자)로 복무하기도 했다. 비록 정쟁이 극심했던 시절 반대파의 공격으로 좌천되긴 했으나 두 달여 만에 남구만에 의해 다시 중요한 임무를 맡게 된 것이다.

1694년 9월 19일, 강원도 삼척부 남면장 오리나루. 일꾼과 사공, 포수와 군관까지 150여 명의 인원이 장한상의 출발 명령을 기다리고 있었다. 사시(巳時 : 오전 9시 30분~10시 30분) 무렵 바람이 일기 시작하자, 삼척첨사 장한상과 일행을 태운 수군의 배가 동해 먼 바다로 떠났다. 숙종이 친히 재가해 내린 장한상의 임무는 '수토사搜討使'였다. 수토는 '수색하여 토벌한다'는 뜻으로 백성들을 육지로 소환하는 동시에 국경을 넘어 들어온 왜인들을 토벌하기 위해 파견한 관리직이었다.

_ 수토사는 조선 후기에 정부가 일본의 침탈 야욕으로부터 울릉도를 수호하고 관리하기 위해서 숙종 20년부터 정기적으로 울릉도에 파견한 관리를 말합니다. 수토사는 여러 가지 임무를 띠었지만 가장 중요한 임무는 뭐니 뭐니 해도 울릉도에 들어와서 체류하는 왜인들을 적발해서 축출하는 것이었습니다. 그리고 울릉도를 왕래하며 불법 체류하는 조선인을 단속하고 쇄환하는 것이 그다음 중요한 임무였습니다. 정조대에는 수토사들이 인삼 채취 임무를 띠고 파견된 적도 있습니다. 수토사는 울릉도와 지리적으로 가까운 강원도 삼척진 첨사 영장과 월성포 만호가 교대로 파견하도록 되어 있었습니다.

강원대학교 배재홍 교수

17세기 조선, 2년 간격으로 수토제 시행

장한상을 비롯한 수토사들은 울릉도에 들어가 섬의 상황을 상세히 파악하여 보고를 올려야 했다. 배재홍 교수는 수토사의 임무 수행 과정을 다음과 같이 설명한다.

_ 수토사는 울릉도에 가서 울릉도의 토산물을 채취하고, 또 울릉도의 지형을 지도로 그려서 바쳐야 했습니다. 그래서 정부에서는 수토사에게 도끼를 열다섯 자루 지급했습니다. 또 토산물과 지도를 가지고 수토가 실제 이뤄졌는지 안 이뤄졌는지 판가름하는 하나의 징표로 활용했습니다. 수토사는 울릉도에서 돌아오면 토산물과 지도를 가지고 첩정牒呈, 즉 보고서를 강원감사에게 올렸습니다. 그러면 강원감사는 그 수토사가 올린 첩정을 바탕으로 장계를 작성해서 가지고 온 토산물과 지도를 비변사에 바쳤지요. _ 배재홍 교수

17세기 수토제도는 2년 간격을 두고 정기적으로 시행되었다. 수토사 일행의 규모는 보통 80명 정도였는데 수토사의 임무 수행과 항해에 필요한 다양한 인력이 동원되었다. 눈여겨볼 것은 왜학倭學(일본의 학문) 역관이 수토 일행에 포함되어 함께 갔다는 것이다. 수토사의 중요 임무 중 하나가 왜인들을 토벌하는 것이었음을 뒷받침해 주는 부분이다. 수토 시기는 바람이 순조로운 4~5월에 주로 이뤄졌지만 임무에 따라 여름에 이뤄지기도 했다.

_ 인삼 채취 임무를 띠고 갈 때는 인삼 채취 시기와 맞추기 위해서 6~7월에 수토가 이뤄지기도 했습니다. 식량은 한 80여 석 갖고 갔는데, 대부분 강원도 영동 지방인 삼척·울진·평해에 나눠서 징수했습니다. 식량은

주로 먹었지만, 각종 제사를 지내는 데 사용되기도 했지요. 선박은 보통 네 척이 동원됐습니다. 그리고 출항 포구는 초기에 수토사가 삼척진 첨사일 경우에는 가까이 있는 장호리진이나 울진 죽변진이 주로 사용되었고, 수토사가 월송 만호일 경우에는 평해에 있는 구미진이 사용된 것 같습니다. _ 배재홍 교수

수토제는 이처럼 시행 시기와 방법 및 규모 등에 대한 기록이 구체적으로 남아 있는 조선시대의 영토 수호 정책으로서 그 의미가 매우 크다. 그리고 1대 수토사인 장한상은 수토제가 정식으로 자리잡는 데 큰 역할을 한 인물이자, 파견되었던 수토사들을 통틀어 가장 큰 업적을 남긴 인물이기도 하다.

장한상은 1656년 경북 의성군에서 태어나 1676년 무과에 급제했다. 1682년에는 훈련원 부정副正으로 통신사의 일원이 되어 일본에 다녀오기도 했다. 1대 수토사로 임명된 장한상은 9월 19일 삼척을 출발하여 약 13일 동안 울릉도를 조사하고 10월 6일 삼척으로 돌아왔다. 장한상이 울릉도를 살핀 후 올린 보고의 내용은 『숙종실록』에 다음과 같이 기록되어 있다.

:: 장한상이 9월 갑신甲申에 배를 타고 갔다가 10월 경자에 삼척으로 돌아왔는데, 아뢰기를, "왜인들이 왔다 갔다 한 자취는 정말 있었지만 또한 일찍이 거주하지는 않았습니다. 땅이 좁고 큰 나무가 많았으며 수종(水宗 : 바다 가운데 물이 부딪치는 곳이니, 육지의 고개가 있는 데와 같은 것임)이 또한 평탄하지 못하여 오고 가기가 어려웠습니다. 토품土品을 알려고 모맥麰麥을 심어 놓고 돌아왔으니 내년에 다시 가보면 징험할 수 있을 것입니다." 하였다. 남구만이 입시

1대 수토사 장한상 초상화

入侍하여 아뢰기를, "백성이 들어가 살게 할 수도 없고, 한두 해 간격을 두고 수토하게 하는 것이 합당합니다." 하니, 임금이 그대로 따랐다. _『숙종실록』, 1694 ▟

울릉도를 개척할 것인지 계속해서 비워 둘 것인지를 놓고 고민하던 조선 조정은 장한상의 보고를 바탕으로 울릉도가 백성들이 살기에 적당하지 않은 곳이라고 판단한다. 대신 왜인들의 접근을 막고 영토를 관리하기 위해 정기적으로 수토제를 시행하기로 결정한다.

장한상의 울릉도 수토 과정은 『울릉도 사적』에 그 기록이 상세하게 남아 있다. 이는 장한상이 작성한 수토 보고서를 그의 외손이 필사해 둔 것으로, 현재 경북 의성 조문국 박물관에 보관되어 있다.

장한상, 독도를 관찰하고 기록한 최초의 관리

장한상의 업적은 바로 이 『울릉도 사적』에 담겨 있다. 울릉도를 둘러보는 과정에서 독도를 목측하고 그 기록을 상세히 남긴 것이다. 이처럼 1대 수토사 장한상은 울릉도에서 독도를 관찰하고 기록한 최초의 관리였다. 이는 울릉도에서 독도를 볼 수 있다고 한 『세종실록지리지』의 기록을 증명하는 것이기도 하다.

:: 비가 그치고 안개가 걷힌 날 중봉中峯에 올라 보니 남쪽과 북쪽의 두 봉우리가 치솟아 서로 마주 보고 있으니 그것이 바로 삼봉입니다. 서쪽을 바라보니 대관령이 구불구불 뻗어 있고 동쪽을 바라보니 바다 한가운데 섬 하나가 진방辰方 쪽으로 어렴풋이 보이는데, 크기가 울릉도의 3분의 1도 안 되고 거리는 300여 리에 불과합니다.

그런데 장한상은 처음 도착한 울릉도에서 어떻게 독도를 볼 수 있었을까. 잘 알려져 있다시피 울릉도에서 독도를 육안으로 확인할 수 있는 날은 연중 60~90일에 지나지 않는다. 울릉도에서 87.4km 떨어진 독도를 눈으로 보려면 그만큼 하늘이 맑고 시야를 가로막는 것이 없어야 하는데, 독도는 한류와 난류가 교차하는 지점에 있기 때문에 안개가 잦다. 안개가 자주 끼지 않는 시기는 9월에서 2월까지 정도지만 이때에도 항상 볼 수 있는 것은 아니다. 하루 가운데 동틀 무렵부터 오전 10시 전후까지가 잘 보인다고 한다. 해가 높아지면 해수면 온도가 상승하여 수증기가 발생하기 때문에 울릉도에서 독도를 보기가 어려워진다.

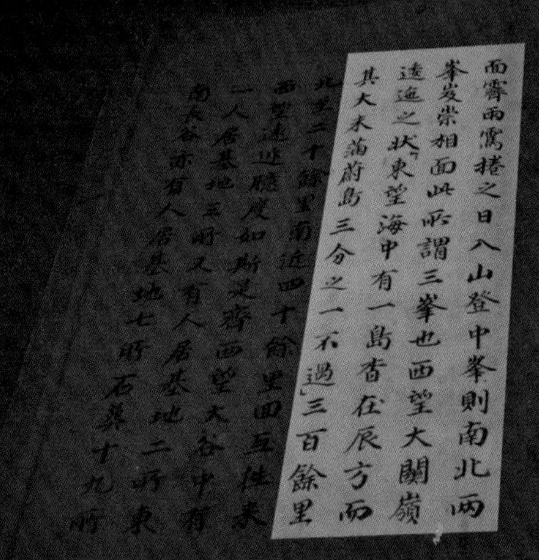

서쪽을 바라보니 대관령이 구불구불 뻗어있고,
동쪽을 바라보니 바다 한가운데 섬하나가
진방(동남)쪽으로 어렴풋이 보이는데 크기가
울릉도의 삼분의 일 정도이고,
둘레가 3백여리에 불과하다.

1대 수토사 장한상과 『울릉도 사적』에 담긴 독도

+

1694년. 울릉도의 형편을 살펴보기 위해 숙종이 파견한 관리 '수토사'. 장한상은 1대 수토사로 임명되었으며, 그가 직접 작성한 수토 보고서가 『울릉도 사적』에 남아 있다. 『울릉도 사적』에는 울릉도뿐 아니라 독도에 대한 기록 또한 남아 있어 우리에게 매우 중요한 자료이다. 장한상은 독도를 직접 목격하고 기록으로 남긴 최초의 관리다.

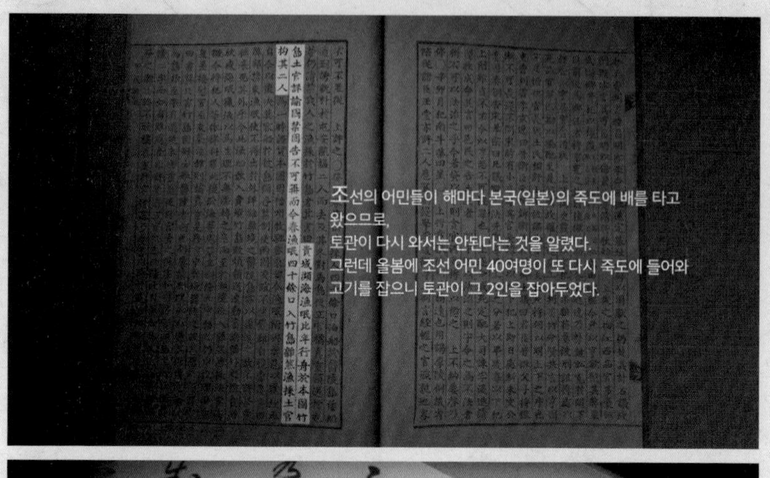

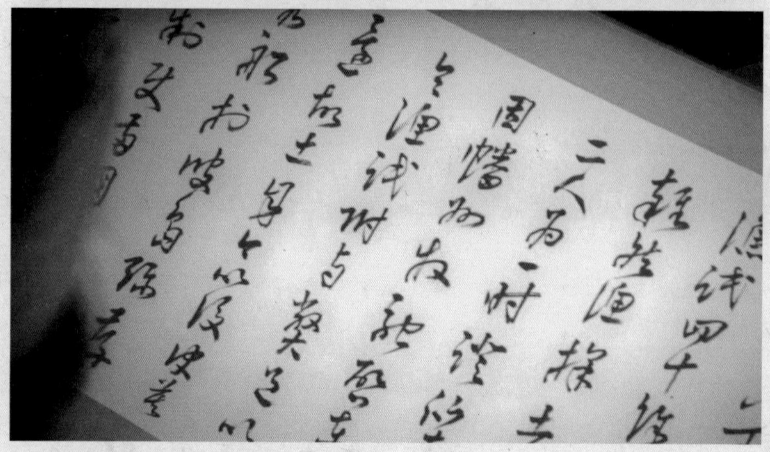

『숙종실록』 25권 _ 쓰시마 번주가 보내온 서계

+

1693년 11월, 숙종 26년에 쓰시마 번주가 보내온 서계이다. 쓰시마 번주는 이 서계를 통해 일본 땅인 죽도에 조선 어민들이 함부로 들어와 여러 차례 문제를 일으켰다고 주장했다. 이 서계가 바로 조선이 수토제를 시행하게 된 '울릉도 쟁계'의 시작이었다.

만약 장한상 역시 바람이 좋은 음력 4~5월에 출항했다면 안개 탓에 독도를 볼 수 없었을지도 모른다. 하지만 장한상은 숙종의 명으로 8월 수토관에 임명된 후 9월에 곧장 수토를 떠나야 했기에 운 좋게 독도를 목측하고 기록을 남길 수 있었다.

그렇다면 장한상은 왜 그토록 급박하게 울릉도로 수토를 떠나야 했을까? 숙종이 장한상을 수토사로 임명하고 그 뒤 정기적인 수토제를 시행하게 된 배경에는 최초의 한·일 영유권 분쟁이었던 '울릉도 쟁계'가 있었다. 일본에서는 '죽도일건(다케시마 일건)'이라는 이름으로 상세히 기록돼 있는 이 사건은 일본과 조선이 울릉도를 둘러싸고 벌인 3년여 간의 영토 분쟁이다. 이것은 곧 독도를 둘러싼 문제이기도 하며, 우리가 수토사와 울릉도 쟁계를 주목하게 된 이유다.

조선이 수토제도를 시행하도록 만든 울릉도 쟁계, 그것은 한 장의 서계(書契 : 조선 시대, 우리 정부와 일본이 주고받던 문서)에서 시작됐다.

:: 귀역의 바닷가에 고기 잡는 백성들이 해마다 본국의 죽도에 배를 타고 왔으므로, 토관이 국금을 상세히 알려 주고서 다시 와서는 안 된다는 것을 굳이 알렸는데도, 올 봄에 어민 40여 명이 죽도에 들어와서 난잡하게 고기를 잡으므로 토관이 그 2인을 잡아두고서 한때의 증질로 삼으려고 했는데, 본국에서 번주목이 동도에 빨리 사실을 알림으로 인하여, 어민을 폐읍에 맡겨서 고향에 돌려보내도록 했으니, 지금부터는 저 섬에 결단코 배를 용납하지 못하게 하고 더욱 금제를 보존하여 두 나라의 교의로 하여금 틈이 발생하지 않도록 하십시오.

이것은 1693년 11월, 숙종 26년에 쓰시마 번주가 보내온 서계이다. 쓰시마 번주는 이 서계를 통해 일본 땅인 죽도에 조선 어민들이 함부로 들어와 여러 차례 문제를 일으켰다고 주장했다. 그러면서 조선 어민들이 다시는 죽도에 오지 못하도록 출입을 금지하라고 요구했다. 쓰시마 번주가 죽도라고 주장한 그 섬에서 무슨 일이 일어났던 것일까.

일본에 억류된 안용복

—

울릉도 쟁계의 시작, 안용복 사건

1693년 한 무리의 조선 어민들이 울산을 출발해 울릉도로 향했다. 일행 중에는 부산 동래부 출신의 어부로 능로군으로 복무하며 왜관을 드나들어 일본어를 할 줄 아는 사람이 있었다. 그가 바로 안용복이다. 17세기 후반, 남동해안의 어민들은 수산자원이 풍부한 울릉도까지 출어를 나섰고 그 수는 점점 더 늘어났다.

그런데 일본 서해안의 돗토리현에 사는 오야大谷와 무라카와村川 두 가문의 어부들도 해마다 울릉도까지 와서 조업을 하고 있었다. 양국 어민들은 서로의 어로 활동에 방해를 받기 시작했고, 결국 마찰이 생기게 되었다. 1693년 4월, 조선 어민 안용복과 박어둔이 돗토리번의 어민들에게 강제로 연행되는 사건이 일어난 것이다. 이것이 바로 '안용복 사건'이다. 안용복 일행은 6개월 동안이나 일본에 억류된 채 심문을 받게 된다.

안용복 납치사건의 전말

안용복 사건은 울릉도의 조업권을 둘러싸고 한·일 어민 사이에 벌어진 첫 번째 공식 분쟁이다. 하지만 천혜의 자원을 가진 울릉도에서 양국 어민들이 경쟁적으로 어업 활동을 벌이면서 활동의 제약과 경제적 이익의 축소를 경험한 오야·무라카와 두 가문이 에도江戸 막부(또는 도쿠가와 막부)에 어업권 보장을 요구하기 위해 계획적으로 시도한 납치 행위라는 분석이 일반적이다.

실제로 울릉도에서 목재와 전복을 채취해 많은 돈을 번 이 두 가문은 막대한 비용이 들어가는 울릉도행 준비와 혹시 발생할지 모르는 사고에 대비해 비용을 반반씩 부담하는 약속을 하고 울릉도행을 준비했다. 기록에 따르면 1692년 오야·무라카와 두 가문은 울릉도 근해에서 조업을 하고 있는 조선 어민들의 수가 많아지자 위협을 느끼고 그해 어로를 포기하기도 했다. 이로 인해 아마도 막

대한 손실을 입었을 것이다. 그래서 다음 해인 1693년에 조선 어민들을 제압할 무기들을 준비하고 조선 어민을 납치할 계획을 세운 후에 안용복 일행을 만났다는 설도 있다.

그러니까 안용복의 나포는 돌발상황이 아니라 일본의 치밀한 계획 아래 일어난 '사건'이라는 주장이다.

_ 울릉도 주변에는 엄청난 수산자원, 어족자원이 있었기 때문에 어민들은 오징어철에는 오징어 잡으러 가고, 명태철에는 명태 잡으러 가는 식으로 어로 행위를 울릉도에 가서 했던 거죠. 그런데 당시 울릉도가 무인도이니 보니 조선에서만 간 것이 아니라 일본 쪽에서도 철에 따라서 고기 잡으러 왔던 거지요.

강원대학교 손승철 교수

울릉도 어장을 계속해서 독점하고 싶었던 오야·무라카와 두 가문은 아마도 납치해 간 안용복 일행을 압박해 그들이 일본의 영토인 죽도(울릉도)를 침범했다는 사실을 인정하게 만들고, 에도 막부로 하여금 조선인의 죽도 도해 금지를 요구할 계획이었을 것이다.

하지만 안용복은 되려 "조선 사람이 조선 영토에 갔는데 왜 잡아가느냐?"며 항의했다.

이후 오키 섬, 요나고를 거쳐 돗토리번에 당도한 이후 안용복 일행의 행적에 대해서는 다소 논란의 여지가 있다. 후에 안용복은 에도로 이송되어 갔을 때 막부로부터 "울릉도(죽도)와 독도(송도)가 일본 영토가 아니므로 이후 침범하지 않겠다"는 서계를 받았다는 주장(『숙종실록』)을 펼쳤다.

그러나 애초부터 서계는 없었고 표류 외국인 어민을 돌려보내는 차원에서 나가사키와 쓰시마를 거쳐 동래부에 인계했다는 주장도 있다. 나중에 설명하겠지만, 안용복이 막부의 서계를 받았든 받지 않았든 간에, 안용복의 나포 과정과 귀환을 통해 일본(혹은 막부의 대조선 외교 창구인 쓰시마번)은 공식적으로 울릉도를 일본 영토로 만들려는 작업을 시작했다.

_ 이 사건을 계기로 쓰시마 번주가 울릉도를 쓰시마 소속으로 침탈하려는 야욕을 노골적으로 드러내면서 우리나라와 일본 사이에 소위 말하는 '울릉도 쟁계'가 벌어지게 된 것이죠. _ 배재홍 교수

조정에서는 쓰시마 측의 주장에 어떻게 대응해야 할지를 두고 격렬한 논쟁이 벌어졌다. 1693년, 숙종 19년 11월 18일의 기록이다.

:: 접위관 홍중하가 하직 인사를 하고, 좌의정 목내선, 우의정 민암이 홍중하와 함께 청대請對하였다.
홍중하가 아뢰기를, "왜인倭人의 이른바 죽도竹島는 바로 우리나라의 울릉도鬱陵島입니다. 지금 상관하지 않는다고 해서 내버린다면 그만이겠지만, 그렇지 않다면 미리 명확히 판변하지 않을 수 없습니다. 그리고 또 만약 저들의 인민人民이 들어가서 살게 한다면 어찌 뒷날의 걱정거리가 아니겠습니까?" 하고, 목내선, 민암은 아뢰기를, "왜인들이 민호民戶를 옮겨서 들어간 사실은 이미 확실하게 알 수는 없으나, 이것은 3백 년 동안 비워서 내버려둔 땅인데, 이것으로 인하여 흔단釁端을 일으키고 우호를 상실하는 것은 또한 좋은 계책이 아닙니다." _『숙종실록』, 1693 ┛

이 대화를 살펴보면 두 가지 사실을 확인할 수 있다. 첫째는 접위관(조선 시대, 일본 사신이 올 때 맞아 접대하던 관원) 홍중하는 과거부터 이어진 역사적 근원을 파악하여 왜인들이 말하는 죽도가 울릉도임을 알고 있었다는 것, 둘째로 섬을 버려두었다는 우의정 민암의 발언을 통해 임진왜란 이후 왜를 두려워하게 된, 육지 중심적인 사고를 가진 관료가 정권을 잡고 있었다는 점이다.

일단 11월 18일 조정에서는 일본 측 주장, 혹은 쓰시마 측 주장일 수도 있는 '조선인의 죽도(울릉도) 도해 금지'를 둘러싸고 본격적인 논의가 시작된다.

그에 앞서 이 울릉도 쟁계의 핵심 문제이자, 현재 독도의 일본 측 이름이 된 죽도(다케시마)의 명명에 대해 동북아역사재단 독도연구소 홍성근 소장의 설명을 들어 보자.

동북아역사재단 독도연구소 홍성근 소장

_ 그 당시에 일본 사람들은 울릉도를 이소다케시마, 기죽도磯竹島 또는 다케시마, 죽도라고 표현하고 독도에 대해서는 마츠시마, 송도라고 했습니다.

죽도(다케시마)는 울릉도의 옛 이름

일본이 울릉도와 독도의 명칭을 각각 죽도(또는 기죽도)와 송도라 부른 것은 언제부터일까?

아마도 그 시작은 1617년경 일본 돗토리 지역에 사는, '오야'라는 이름을 가진 선주船主가 탄 배가 폭풍을 만나 울릉도로 표류하면서부터인 듯하다. 그는 풍부한 자원을 가진 울릉도가 비어 있다는 것을 알게 되자, 돗토리로 돌아가 '무라카와'라는 집안과 함께 울릉도를 차지해 이득을 챙기자는 계획을 세우고, 에도 막부에 '도해渡海면허'를 신청해 1625년쯤 받아낸다.

이 과정에서 그는 왕죽이 많이 자라던 울릉도를 '죽도(대나무의 섬)' 혹은 '기죽도(절벽과 대나무의 섬)'라 지칭한다. 그리고 울릉도로 가는 항로에 위치한 작은 섬(독도)은 대나무의 섬(죽도)과 대응하는 개념의 '소나무 송'을 사용하여 '송도'라 이름 붙였다는 것이다.

_ 일본에도 한국에 있듯이 '송죽매松竹梅'란 개념이 있습니다. 상당히 좋은 물건을 송죽매 개념으로 이야기하지 않습니까. 죽(대나무)이 있으니까 송(소나무)이라는, 그런 개념이 아주 강했지요. 일본에는 송죽매 중에 매화나무가 없어도 대나무와 소나무를 한 세트로 하여 정월에 상당히 좋은 물건을 현관 앞에 내놓는 습관이 당시부터 현재까지 남아 있기도 하고요.

그래서 죽도가 있으니까 일본이 독도에 대해 송도라는 이름을 붙인 것으로 이해가 됩니다." _호사카 유지 교수

서계를 통해 쓰시마 번주가 일본의 땅이라 주장한 죽도는 분명 울릉도였다. 조정에서는 쓰시마의 계략을 간파했다. 그러나 일본과의 분쟁을 원치 않았다.

세종대 호사카 유지 교수는 당시 조선의 집권세력에 문제가 있었다고 지적한다.

_ 그때는 숙종 시대였는데 장희빈의 권세가 셌고, 장희빈파는 남인들이었습니다. 그래서 남인들이 집권을 했지요. 영의정 이하 관직은 거의 남인들이 차지했지요. 그런데 남인들은 일본의 진출을 상당히 두려워했습니다.

세종대학교 호사카 유지 교수

숙종 당시 조정은 서인과 남인으로 갈라져 당쟁을 벌이고 있었는데, 숙종의 총애를 받고 있는 장희빈을 지지하는 남인이 득세하여 정권을 잡고 있었다.

일본의 진출을 두려워했던 남인들은 이 문제를 어떻게 보고 있었을까? 실록에 기록된 내용을 토대로 남인들의 영수였던 우의정 민암과 좌의정 목내선이 나눴을 법한 대화를 재구성해 보았다.

실록을 토대로 재구성한 우의정 민암과 좌우정 목내선의 가상 대화

+

목내선	지금 왜가 말하는 죽도는 울릉도입니다. 헌데 '본국의 죽도'라니요.
민 암	아마도 저들은 서계를 빌미로 장차 그 섬을 점거하겠다는 계략이 아니겠습니까.
목내선	허허 참, 그렇다면 마땅히 저들 주장의 잘잘못을 따져 물리칠 일이 아닙니까.
민 암	왜 아니겠습니까. 하지만 지금은 곤란하니 때를 기다려야 합니다. 좌의정께서도 아시다시피 폐비 민씨를 두고 소론 세력의 움직임이 심상치 않습니다. 궐 안도 어지러운 판국에 일개 고기 잡는 백성들의 문제로 왜와 분쟁을 하는 것은 득 될 게 없는 일이지요.
목내선	그렇다고 울릉도를 왜에 줘버릴 수는 없지 않습니까?
민 암	못 내어 줄 것도 없지요. 망망대해에 떠 있는 그저 작은 섬 하나가 아닙니까. 게다가 300년이나 출입을 금한 쓸모없는 땅입니다. 그깟 섬 하나 때문에 국교에 금이 가게 할 수는 없지 않겠습니까.
목내선	허나 왜와의 분쟁이 두려워 조종의 강토를 내주자고 했다가는 신료들의 반발 또한 클 터인데, 어쩔 생각이오.
민 암	허허 그저 두 나라 사이에 지금과 같이 각각의 섬을 두 면 될 일이지요.

"우리나라의 울릉도, 귀국의 죽도"

실록을 살펴보면 민암과 목내선 역시 울릉도의 존재를 알고 있었다. 하지만 남인 정권에게 더 중요한 것은 망망대해의 섬 하나보다 그들 권력의 지속 여부였다. 그들에게 울릉도는 해금海禁 정책(자기 나라 해안에 외국 배가 들어오거나 고기잡이를 하는 것을 금하는 정책)으로 300년간 비워 둔 쓸모없는 섬이었다. 그들은 이 섬 때문에 왜와의 우호 관계가 깨져 정권 유지의 불안 요소가 생겨나는 것을 원치 않았다. 조선 영토를 단호히 지켜야 한다는 주장은 일본과의 분쟁을 꺼리는 남인 세력에 의해 묵살되었다. 대신 남인들은 매우 모호한 회답서를 준비한다.

:: 폐방弊邦에서 어민을 금지 단속하여 외양外洋에 나가지 못하도록 했으니 비록 우리나라의 울릉도일지라도 또한 아득히 멀리 있는 이유로 마음대로 왕래하지 못하게 했는데, 하물며 그 밖의 섬이겠습니까? 지금 이 어선이 감히 귀경貴境의 죽도에 들어가서 번거롭게 거느려 보내도록 하고, 멀리서 서신으로 알리게 되었으니, 이웃나라와 교제하는 정의情誼는 실로 기쁘게 느끼는 바입니다. 바다 백성이 고기를 잡아서 생계로 삼게 되니 물에 떠내려가는 근심이 없을 수 없지마는, 국경을 넘어 깊이 들어가서 난잡하게 고기를 잡는 것은 법으로서도 마땅히 엄하게 징계하여야 할 것이므로, 지금 범인犯人들을 형률에 의거하여 죄를 과科하게 하고, 이후에는 연해沿海 등지에 과조科條를 엄하게 제정하여 이를 신칙하도록 할 것이오. _『숙종실록』, 1694 ▟

이 서계를 자세히 살펴보면 당시 남인 정권의 입장이 한 문장에 담겨 있음을 알 수 있다.

:: 비록 우리나라의 울릉도일지라도 아득히 멀리 있는 이유로 마음대로 왕래하지 못하게 했는데, 하물며 그 밖의 섬이겠습니까?

울릉도를 포기하는 경우에 생겨날 정치적 압박을 벗어나고, 일본의 주장을 거절하지 않는 그들의 묘계는 서계 안에 두 개의 섬을 두는 것이었다.

_ 이름이 두 개 있기 때문에 조선 쪽에서는 '울릉도는 조선 땅이다' 먼저 그렇게 이야기해 놓고 죽도, 즉 다케시마는 바로 일본 쪽의 울릉도 이름이기 때문에 문장 속에서 죽도는 일본 섬이니까 죽도에는 조선 사람을 보내지 않겠다고 한 거지요. 이렇게 하면 일본 쪽에서 알아서 행동을 할

'울릉도'와 함께 표기된 '죽도'

게 아니겠습니까. 이처럼 상당히 문제가 있는 건의를 숙종에게 한 것이지요. 숙종도 거기에 대해서 깊이 생각하지 않고 좋으면 그렇게 하자, 라고 해서 외교 문서가 마치 두 개의 섬이 있는 것처럼 하나는 조선 것으로 하고, 하나는 일본 것으로 해서 일본 쪽에서 알아서 하라는 상당히 어리석은 행동을 한 것입니다. _ 호사카 유지 교수

1693년 겨울, 쓰시마번의 사신 도다 요자에몽은 남인 세력의 의견대로 작성된 회답서를 받는다. 하지만 울릉도의 일본 영토화를 노리는 쓰시마 입장에서 이 회답서는 그리 탐탁지 않은 것이었다. 도다 요자에몽은 두 달가량 부산에 머무르며 조선의 울릉도와 귀국(일본)의 죽도라 적힌 부분을 문제 삼으며 울릉도란 글자를 삭제해 주길 끈질기게 요구했다.

영남대학교 독도연구소 김호동 교수

– 우리나라가 '귀경의 죽도'에 조선인들이 건너가지 못하게 하겠다면서도 '우리나라 울릉도'라는 문구를 따로 집어넣은 겁니다. 그런데 쓰시마 입장에서 보면 '귀경의 죽도'가 울릉도인 것을 아니까 '우리나라의 울릉도'를 삭제해 달라고 요구한 거죠.

도다 요자에몽은 울릉도를 삭제해 달라는 요구와 함께 외교 문서를 조선에 그대로 놔둔 채 1694년 2월 22일 쓰시마로 돌아간다. '울릉도'가 버젓이 적혀 있는 문서를 가지고 돌아갈 수는 없었기 때문이다. 결과적으로 도다 요자에몽의 이러한 행동은 조선으로서는 크나큰 행운이었다. 이후 본격적인 한·일 외교전을 펼칠 수 있는 계기가 되었던 것이다.

–

울릉도 쟁계의 전개
달라진 정국, 달라진 전략

1694년 3월, 도다 요자에몽은 조선으로 돌아와 또다시 '울릉도'라는 이름을 서계에서 삭제해 줄 것을 요구했다. 그런데 몇 달 사이 조선 조정의 분위기는 180도 달라져 있었다. 인현왕후 페비 복위 운동을 하던 서인 측의 역공에 장희빈을 지지하던 남인이 실각하는 갑술환국이 일어난 것이다.

_ 장희빈을 사이에 두고 소론과 남인이 대립하고 있었습니다. 그런데 숙종과 장희빈의 관계 자체가 끝나면서 장희빈을 등에 업고 집권한 남인 세력이 한꺼번에 몰락하게 되었습니다. 소론이 다시 집권하게 된 거지요. 그래서 소론의 남구만이 영의정이 되었는데, 그는 앞서 남인들이 폈던 울릉도에 대한 아주 어리석은 정책을 다 파악하고 있었습니다. _ 호사카 유지 교수

중차대한 외교 문제로 떠오른 울릉도 쟁계

1694년 여름, 영의정 남구만은 집권 이후 울릉도 문제를 임금과 논의한다.

:: 동래부사의 보고에 왜인이 또 말하기를 "조선 사람은 우리의 죽도에 마땅히 다시 들어오는 것을 금지해야 할 것이다"라고 하는데, 신이 『지봉유설』을 보니 왜놈들이 의죽도를 점거했는데 '의죽도는 곧 울릉도이다'라고 했습니다. 지금 왜인의 말은 그 해독이 장차 한정이 없을 것인데, 전일 왜인에게 회답한 서계가 매우 모호했으니, 마땅히 접위관을 보내어 전일의 서계를 되찾아와서 그들이 남의 의사를 무시하고 방자하게 구는 일을 바로 책망하는 것이 좋겠습니다. (…중략…) 조종의 강토를 또한 어떻게 남에게 줄 수가 있겠습니까? 하였다. (…중략…) 신여철은 아뢰기를, "신이 영해의 어민에게 물으니 섬 가운데 큰

물고기가 많이 있고, 또 큰 나무와 큰 대나무가 기둥과 같은 것이 있고 토질도 비옥하다"고 하였는데, 왜인이 만약 점거하여 차지한다면 이웃에 있는 강릉과 삼척 지방이 반드시 그 해를 받을 것입니다. _『숙종실록』

소론 세력의 집권과 동시에 울릉도 쟁계는 중차대한 외교 문제로 떠올랐다. 당시 이것이 얼마나 중요하게 다뤄졌는가 하면 숙종이 친히 과거시험장에 나와 울릉도 쟁계 대처 방안을 응시자들에게 요구할 정도였다. 즉, 과거시험에 울릉도 쟁계에 관한 문제가 출제된 것이다. 이 사실은 『신덕함 문집』이라는 민간 사료를 통해 지난 2011년에 알려졌다(2011년 8월 중순 경상북도 대구지방변호사회 독도분과위원회 활동의 일환으로 방문일 변호사가 의성의 신덕함 후손으로부터 입수하여 한아문제연구소 유미림 소장에게 검토를 의뢰함으로써 그 내용이 밝혀졌다). 유미림 소장이 『신덕함 문집』을 분석한 내용 가운데 일부를 옮긴다.

:: 이 문서는 전책(과거시험에서 임금이 직접 질문하는 것) 형식을 취하고 있어, '임금은 이렇게 말하노라'로 시작하고 '신은 답합니다'로 끝을 맺고 있다. 책문은 다음과 같다.

임금은 이렇게 말하노라. 울릉도가 멀리 동해에 있는데 『여지승람』에는 강원도에 속해 있다. 우리나라 땅이라고는 하나 수로가 멀고 험해 사람들이 왕래하지 않아, 조종조에 섬사람들을 데리고 돌아와 그곳을 비게 하였다. 요사이 일본인이 대나무와 전복, 물고기 등의 이익을 탐해 죽도라 가칭하고 그 땅에서 우리 백성들이 경계를 넘어가 어채하는 것을 금해 줄 것을 청했다.

근시(임금을 측근에서 모시는 신하)를 자주 파견하여 죽울(죽도와 울릉도)의 허실과 경계에 구분 있음을 효유(깨닫도록 일러줌)했으나 끝내 들을 생각이 없어 자못 불화의 단서가 있다. 내가 이를 염려하여 널리 조정의 의견을 물으니 혹자는 말하기를 "조종의 강토는 남에게 줄 수 없는 것인데, 한번 그들의 소유가 되면 동쪽 경계를 보호할 수가 없습니다. 바람을 타고 출몰하면 실정을 헤아리기가 어려우니 변수(邊帥 : 변방을 지키던 장수를 이르던 말)를 가려 보내 우선 점거해 지키는 것이 낫습니다."라고 하였고, 혹자는 말하기를, "바다 밖 조그만 섬은 본래 빈 땅인데 백 년 간의 인호를 잃어서는 안 됩니다. 이로 인해 흔단을 만드는 것은 좋은 계책이 아니니, 그들의 왕래를 내버려두고 변방 방비를 수칙하는 것이 낫습니다."라고 하였다. 이 두 가지 설 중 어느 쪽이 나은가? 아니면 이외에 따로 만전의 양책이 있는가? 자대부들은 독서하고 담도하는 여가에 반드시 '변방을 안정시키키고 나라를 평안히 할 방책을 강구하여 각 자 자세히 대책에 나타내도록 하라.'

_ 유미림, 「안용복 사건 과거시험에 출제되다, 사료 발견과 그 의미」, 『영토해양연구』(동북아역사재단 독도연구소), 2011

숙종의 질문에는 조정에서 한창 논쟁 중인 울릉도 쟁계의 내용과 그에 대한 신료들의 상반된 주장이 모두 담겨 있다. 마치 1694년부터 1696년까지 울릉도 쟁계와 관련된 『숙종실록』 기사들의 요약본을 보는 듯하다. 우리는 『신덕함 문집』에 실린 이 책문을 통해 소론 세력 집권 이후 조선이 '울릉도 쟁계'를 얼마나 중요한 국가적 사안으로 여겼는지 짐작해 볼 수 있다.

이 사료를 분석한 유미림 소장은 『신덕함 문집』에 실린 책문의 의의를 다음과 같이 말한다.

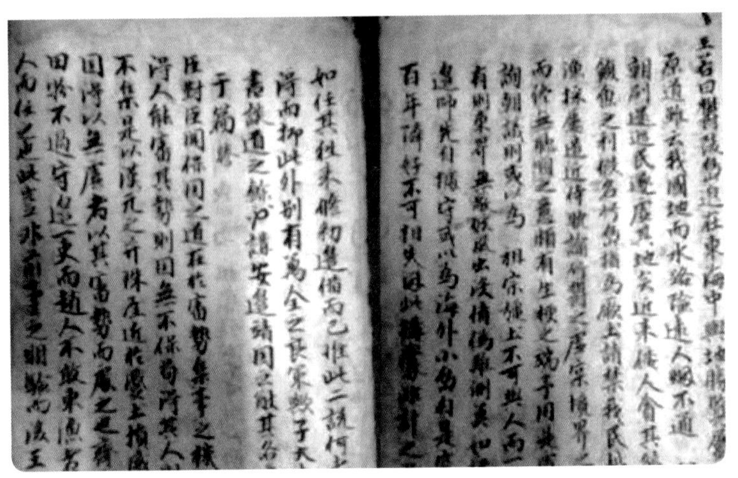

조선이 일본의 울릉도 침탈에 적극 대응했음을 보여주는 자료인 『신덕함 문집』.

:: 보통 왕이 내는 책문은 국가 경영의 방도로서 개혁의 방책 내지 현안을 묻는 경우가 많아 이 범주에는 정치와 경제, 외교, 국방, 교육 등의 모든 분야가 망라되었고, 응시자의 대책 역시 이에 대응하는 답변이므로 임금에게 가장 절실한 답변을 제공하되 유학적 사고에 따른 원칙론을 개진한 것이 많았다. 그런 가운데 숙종 연간의 전시에 '울릉도 쟁계'가 시제로 나왔다는 사실은 당시 숙종을 비롯한 조정 대신들이 일본의 침탈 의도를 간파했음은 물론이고 울릉도 침탈에 적극적으로 대응하려 했음을 보여준다고 하겠다. _ 유미림, 앞의 논문

이처럼 '그깟 섬 하나'로 치부했던 남인들과 달리 소론 세력은 국가의 영토를 지키기 위해 일본에 강력하게 대응할 것을 숙종에게 요구했다.

조선, 일본 어민들의 울릉도 출입 금지 요구

_ 남인은 상당히 유약한 정책으로 일본에 대응했지만, 남구만을 비롯한 소론 세력은 강력한 정책을 일본에 펼쳤습니다. 두 섬이 비록 이름은 달라도 일본에서 말하는 죽도가 울릉도라는 사실을 누구나 알고 있다면서, 남구만은 죽도든 울릉도든 같은 조선의 섬이기 때문에 앞으로 일본 사람들이 절대 우리 울릉도에 들어오면 안 된다는 강력한 외교 문서를 보낸 거지요. _ 호사카 유지 교수

:: 이에 이르러 남구만이 전일의 회서回書를 고치기를,

"우리나라 강원도의 울진현에 속한 울릉도란 섬이 있는데, 본현本縣의 동해 가운데 있고 파도가 험악하여 뱃길이 편리하지 못하기 때문에, 몇 해 전에 백성을 옮겨 땅을 비워 놓고, 수시로 공차公差를 보내어 왔다 갔다 하며 수검搜檢하도록 했습니다. 본도本島는 봉만峰巒과 수목을 내륙에서도 역력히 바라볼 수 있고, 무릇 산천의 굴곡과 지형이 넓고 좁음 및 주민의 유지遺址와 나는 토산물이 모두 우리나라의 『여지승람輿地勝覽』이란 서적에 실려 있어, 역대에 전해 오는 사적이 분명합니다. 이번에 우리나라 해변의 어민들이 이 섬에 갔는데, 의외에도 귀국 사람들이 멋대로 침범해 와 서로 맞부딪치게 되자, 도리어 우리나라 사람들을 끌고서 에도江戶까지 잡아갔습니다. 다행하게도 귀국 대군大君이 분명하게 사정을 살펴보고서 넉넉하게 노자路資를 주어 보냈으니, 이는 교린交隣하는 인정이 보통이 아님을 알 수 있는 일입니다. 높은 의리에 탄복하였으니, 그 감격을 말할 수 없습니다. 비록 그러나 우리나라 백성이 어채漁採하던 땅은 본시 울릉도로서, 대나무가 생산되기 때문에 더러 죽도라고도 하였는데, 이는 곧

하나의 섬을 두 가지 이름으로 부른 것입니다. 하나의 섬을 두 가지 이름으로 부른 상황은 단지 우리나라 서적에만 기록된 것이 아니라 귀주貴州 사람들도 또한 모두 알고 있는 것입니다. 그런데 이번에 온 서계가운데 죽도를 귀국의 지방이라 하여 우리나라로 하여금 어선이 다시 나가는 것을 금지하려고 하였고, 귀국 사람들이 우리나라 지경을 침범해 와 우리나라 백성을 붙잡아간 잘못은 논하지 않았으니, 어찌 성신誠信의 도리에 흠이 있는 일이 아니겠습니까? 깊이 바라건대, 이런 말뜻을 가지고 동도東都에 전보轉報하여, 귀국의 변방 해안 사람들을 거듭 단속하여 울릉도에 오가며 다시 사단을 야기하는 일이 없도록 한다면, 서로 좋게 지내는 의리에 있어 이보다 다행함이 없겠습니다."

_『숙종실록』 27권, 1694년 8월 14일 ▟

남구만은 죽도가 곧 울릉도임을 밝히며 조선 영토에 함부로 침범한 것에 대한 책임을 물었다. 그리고 일본 어민들의 울릉도 출입 금지를 요구했다. 쓰시마 번주의 주장을 정면으로 반박한 것이다.

계획처럼 진행될 것 같았던 울릉도 접수를 코앞에서 놓쳐 버린 도다 요자에몽의 기분이 어땠을까. 숙종 21년, 1694년 6월 20일의 실록을 보면 도다 요자에몽의 날선 반격이 기록되어 있다.

:: 귤진중이 드디어 6월 15일을 길을 떠나는 시기로 잡고 동래부에 편지를 보내 네 가지 조항을 힐문詰問하며 이를 조정에 전달해서 개시開示해 줄 것을 청하였다. 그 첫째 조항에 이르기를, "답서答書 가운데, '수시로 공차公差를 파견하여 왕래하며 수색하고 검사하게 하였다.'고 말했습니다. 삼가 살펴보건대, 인번

因幡·백기伯耆 두 주州의 변민邊民들이 해마다 죽도에 가서 고기잡이를 하여, 2주州가 해마다 그 섬의 복어鰒魚를 동도東都에 바치는데, 그 섬은 바람과 물결이 위험하므로, 해상海上이 안온할 때가 아니면 왕래할 수가 없습니다. 귀국貴國에서 만일 실지로 공차를 파견한 일이 있다면 역시 분명히 바다가 안온할 때였을 것입니다. 대신군大神君으로부터 지금까지 81년 동안 우리나라(일본) 백성들이 일찍이 귀국에서 공식적으로 파견한 사자使者들과 그 섬에서 서로 만났다는 사실을 상주上奏한 적이 없었는데, 이제 회답하는 서신 가운데는 '수시로 공차를 파견하여 왕래하며 수색하고 검사하게 하였다.'고 말한 것은 무슨 뜻인지 알 수 없습니다." _『숙종실록』 28권, 1694년 6월 20일

기록에도 남아 있듯이 도다 요자에몽 역시 만만치 않은 외교관이었다. 그는 조선 측 논리의 틈을 파고들어 "귀국에서 실제로 공차(관리)를 파견한 적이 있다면 지난 81년 동안 우리나라 백성과 만난 적이 있어야 한다. 만났다는 기록도 없는데, 어찌 서신에는 수시로 공차를 파견하여 수색하고 검사하게 하였다'고 적혀 있는가?"라고 힐문한다.

이어 조선에서 보내온 서계의 내용을 조목조목 반박한다. 그 내용을 요약하면 이렇다. 첫째, 울릉도에 공차를 파견했다고 하지만 우리 백성과 만났다는 기록이 없으니 증거를 대라. 둘째, 일본 어민들이 울릉도로 향하다 표류하는 바람에 조선에서 돌려보낸 일이 세 번씩이나 된다. 울릉도에서 고기 잡는 사실을 알면서도 그때는 가만히 있다가 이제 와서 침범이니 뭐니 하는 이유가 뭔가? 셋째,

처음 보냈던 회신(남인들의 회답서)에서는 죽도와 울릉도가 마치 다른 두 개의 섬인 것처럼 말해 놓고 왜 지금은 처음부터 죽도와 울릉도가 하나의 섬인 것을 모두 알고 있었다고 주장하는가. 넷째, 82년 전 쓰시마에서 울릉도를 조사하겠다고 했을 때 함부로 점거하게 둘 수 없다고 물리쳤다면서 78년 전에는 왜 일본 어민들이 고기잡이하는 것을 알고도 그냥 두었는가이다. 도다 요자에몽의 반박을 한마디로 정리하자면 '지금껏 울릉도에는 관심도 뭣도 없다가 이제 와서 왜 다 된 밥에 재 뿌리냐' 정도가 될 것이다.

'우리나라의 울릉도와 귀경의 죽도'가 마치 다른 섬인 양 얼버무렸던 남인들의 회답서가 제대로 책이 잡힌 셈이다. 도다 요자에몽이 '울릉도'라는 문구의 삭제를 요구하며 회답서를 조선에 되돌려보낸 것이 우리에게 크나큰 행운으로 여겨지는 것은 바로 이 때문이다. 만일 도다 요자에몽이 그 회답서를 그대로 일본에 가져갔다면, 그래서 남구만을 비롯한 소론 세력이 이를 바로잡을 기회조차 없었다면, 우리나라 지도에서 독도는 물론이고 울릉도와 동해바다가 사라졌을지도 모를 일이다.

아무튼 쓰시마번의 울릉도 침탈 도발에 대해 강경하게 대응하기로 한 조선 조정은 도다 요자에몽의 반박에 재반박문을 작성한다.

:: 82년 전 갑인년에 귀주에서 두왜頭倭 한 명과 격외格倭 13명이 의죽도礒竹島의 크고 작은 형편을 탐사하는 일로 서계를 가지고 나왔는데, 조정에서 이를 함부로 경계를 넘었다 하여 접대를 허락하지 않고, 다만 본부本府의 부사府使인 박경업朴慶業으로 하여

금 답장을 하도록 하였다. 그 대략에 이르기를, '이른바 의죽도礒竹島란 실은 우리나라의 울릉도로서, 경상慶尙·강원江原 양도兩道의 해양海洋에 끼여 있는데, 여도輿圖에 기재되어 있으니, 어찌 속일 수 있겠는가? (…중략…) 의문을 제기한 네 가지 조항은 상세하고 간략한 것은 비록 다르지만 대지大旨는 동일한데, 만일 이 일의 전말顚末을 알고자 한다면 이 한 장의 서신으로도 충분할 것이다. ⌟

조선은 쓰시마가 울릉도를 탐사하려고 할 때 일본인들의 출입을 허가할 수 없다고 분명히 밝힌 바 있으니, 이 문제는 82년 전에 이미 끝난 사안이라는 것을 강조하고 있다. 더불어 고기를 잡기 위해 울릉도로 향했다가 표류해 온 일본인들을 별 문제 삼지 않고 돌려보낸 것은 "물에 빠져 죽을 뻔하다 살아남은 목숨이 빨리 송환시켜 주기를 원해 살려 보내는 일이 급하므로 다른 것을 물어 볼 여지가 없었기 때문이었으며, 이웃나라와 친근하는 예로서 당연한 일인 것이었다. 어찌 우리 국토를 허용할 의사가 있어서였겠"(『숙종실록』 28권)냐고 반문한다. 국교의 의를 생각해서 몰래 고기잡이 나온 일본 어민들에 대해 크게 문제 삼지 않고 봐줬더니 적반하장도 유분수라는 뉘앙스가 다분히 느껴지는 대목이다.

또한 공차를 파견한 증거를 대라는 도다 요자에몽의 질문에는 다음과 같이 답변한다.

:: 수시로 공차를 파견하여 왕래하여 수색하고 검사한 일은, 우리나라의 『여지승람輿地勝覽』에 신라新羅·고려高麗와 본조本朝의 태종太宗·세종世宗·성종成宗 삼조三朝에서 여러 번 관인官人을 섬에 파견한 일이 상세히 기록되어 있다. (…중략…) 요사이 공차가 항상 왕래하지 않고 어민漁民들에게 멀리 들어가는 것을 금지시켰던 것은 대개 해로海路에 위험한 곳이 많기 때문이었다. 이제 예전에 기재한 서적은 버리고 믿지 않는 채 도리어 왜인과 우리나라 사람이 섬 가운데에서 서로 만나지 않은 것을 의심하니, 또한 이상한 일이 아니겠는가? _『숙종실록』 28권 ▟

조선이 역사적 근거를 나열하며 단호하게 영유권을 주장하자 도다 요자에몽은 다시 새로운 주장을 펼치기 시작한다. 조선은 80년간 울릉도를 버려두었지만 일본 어민들은 어로 활동을 계속해왔기 때문에 울릉도는 더 이상 조선의 땅이 아닌 '일본의 죽도'로 그 소유권이 바뀌었다는 것이다.

:: 『지봉유설』에도 또한 '요사이 들으니 왜인이 의죽도를 점거했다고 한다'는 말이 있었습니다. 다른 사람이 점거한 줄 알면서도 그것을 허용하고, 다른 사람이 가서 고기잡이를 하는 줄 알면서도 그것을 허용하였으니 이는 80년 이래로 귀국이 스스로 그 섬을 버려서 다른 사람의 소유가 되도록 한 것입니다. _『숙종실록』 28권, 1695년 6월 20일 ▟

조선은 80년간 울릉도를 버려두었고, 그 사이 일본인들이 드나들며 어로 활동을 해왔으니 이제는 일본의 땅이 되었다? 도다 요자에몽의 이러한 주장은 현재의 일본이 독도 영유권을 주장하며 이야기하는 주요 논거 중 하나와 무척이나 닮아 있다. '무주지 선점론'이다. 비어 있는 무인도를 일본인이 획득했다는 것이다. 과연 도다 요자에몽의 주장대로 조선은 섬을 버렸던 것일까.

울릉도 쟁계 진행 과정

+

1693년 4월	일본, 안용복·박어둔 강제연행
1693년 11월	쓰시마번의 서계가 조선에 도착 → 조선 어민들의 죽도 출입 금지 요청
1693년 12월	남인 정권, 모호한 회답서 작성 → "우리나라의 울릉도"와 "귀국의 죽도" 모두 삽입
1694년 2월	쓰시마 사신 도다 요자에몽, 남인의 회답서에서 '울릉도' 삭제를 요구하며 남인 정권의 회답서를 조선에 둔 채 일본으로 돌아감
1694년 3월	갑술환국으로 남인 정권 몰락. 소론 세력 집권
1694년 윤5월	도다 요자에몽, 조선으로 돌아와 '울릉도' 삭제 재차 요구
1694년~	영의정 남구만, 1693년의 회답서에 대한 문제 제기
1694년 6월~	역사적 근원을 앞세운 양국 간의 본격적인 외교 분쟁 시작
1694년 8월	남구만, 도다 요자에몽에게 새로운 회답서 보냄 → "우리나라 강원도의 울진현에 속한 울릉도"
1694년 9월	1대 수토사 장한상, 울릉도 수토 작업
1695년 6월	오랜 논쟁 끝에 교섭 결렬. 도다 요자에몽 쓰시마로 돌아감
1695년 12월	에도 막부, 돗토리번에 울릉도 소유에 대해 질의
1696년 1월	일본, 울릉도를 조선의 영토로 인정

울릉도 쟁계는 처음부터 울릉도를 노린 쓰시마번의 계략이었다. 조선과 마찬가지로 먼 바다로의 도해를 금했던 에도 막부는 울릉도에 대해 제대로 알지 못한 채 오야·무라카와 가문의 요구를 받아들여 당시 외교 창구였던 쓰시마번에 교섭 지시를 내렸을 가능성이 크다. 이에 쓰시마번은 막부조차 속이고 죽도가 일본 땅이라 주장하며 조선인의 출입을 금지시키려 했던 것이다. 안용복·박어둔의 나포 사건으로 시작된 울릉도 쟁계는 조선과 쓰시마번의 치열한 외교전을 거쳐 3년여 만에 종결되었다. 이러한 울릉도 쟁계는 수토 정책의 배경이 되는 사건이자, 일본이 울릉도·독도를 조선의 영토로 인정한 공식 기록이다.

울릉도는 정말 무인도였는가

—

울릉도 쟁계의 열쇠, 공도정책의 진실

임진왜란 이후 동해상에서 교역을 하던 오야 진키치는 어느 날 조난을 당해 울릉도에 다다랐다. 오야는 그곳의 풍부한 자원을 목격하고는 이후 그곳이 무인도라는 점을 들어 에도 막부로부터 도해 면허를 발급받아 매년 조업에 나섰다.

그런데 일본이 80년가량 이어진 이들의 조업을 근거로 울릉도의 주인이 바뀌었다고 주장하고 나섰다. 한때는 조선의 땅이었을지 모르나 조선이 공도정책(空島政策 : 섬을 비우는 정책)을 사용해 섬을 버려두었고, 주인 없이 방치된 그 섬을 일본인이 획득했다는 것이다. 하지만 이는 사실과 전혀 다른 억지주장이다.

공도정책이라는 말은 1881년 기타자와 세이세이北澤正誠가 쓴 『죽도고증竹島考證』이라는 책에서 처음 등장한다.

:: 옛 역사를 보면 울릉도가 조선의 섬이라는 것에 대해서는 두말할 필요가 없다. 그러나 문록 연간(1592 임진왜란~1614) 이후 버려두고 거두지 않았다. 우리나라 사람들이 그 빈 땅에 가서 살았다. 그 옛날에 두 나라의 경계가 항상 그대로였겠는가. 그 땅을 내가 취하면 내 땅이 되고, 버리면 다른 사람의 땅이 된다.

이 책은 17세기 도다 요자에몽이 그랬듯, 주인 없이 버려진 섬을 일본이 소유하게 됐다는 주장을 펼치고 있다. 이 주장에 담긴 의중을 파악하기 위해서는 『죽도고증』이 씌어진 배경을 먼저 살펴볼 필요가 있다.

'공도정책'은 독도를 강탈하기 위한 일본 측 논리

19세기 말 일본인들이 다시금 울릉도에 출입하며 불법적으로 벌목을 하는 일이 잦아졌다. 이에 고종은 일본 외무성에 항의 문서를 보낸다. 그러나 일본 외무성은 고종의 항의에 바로 대답하지 않고 기타자와 세이세이에게 울릉도 소유권에 대한 자료 조사를 의뢰한다. 기타자와 세이세이가 울릉도와 독도의 영유권에 대해 일본 국내외 기록을 집대성한 뒤, 이를 분석하여 외무성에 보고한 책이 바로 『죽도고증』이다. 기타자와 세이세이는 울릉도가 옛날에는 조선의 땅이었으나 지금도 그러하다는 근거가 없다는 식으로

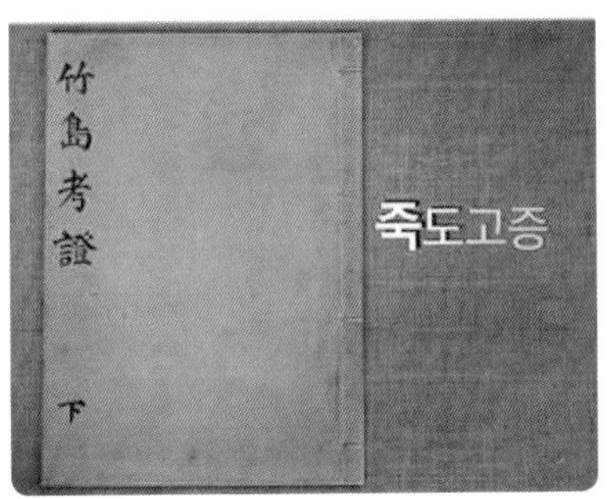

기타자와 세이세이가 일본 외무성에 보고한 책 『죽도고증』

설명하고 있다. 그러니까 공도정책이란 말은 조선이 울릉도를 버렸다는 주장을 뒷받침하기 위해 일본이 만들어낸 용어인 것이다.

영남대학교 독도연구소의 김호동 교수는 우리나라 학자들까지도 공도정책이라는 용어를 비판 없이 사용하고 있는 실정을 우려하며 이 문제를 꾸준히 제기해 왔다.

"공도정책이라는 용어는 일본 학계에서 '빈 섬'임을 부각시켜 '버려진 땅을 내가 취하면 내 땅이 된다'는 제국주의적 발상을 담은 논리로서, 1905년 '무주지 선점론'에 따라 독도를 강탈하려는 의도에 이용된 논리"라는 것이다.

_ 공도정책은 우리나라에서, 조선에서 버렸다면서 버린 것을 집어 삼키면 된다는 논리로 만든 겁니다. 어떤 면에서 울릉도를 집어 삼키기 위한 정책인 셈이죠. 그런데 조선 초기 태종·세종 연간을 보면 쇄환·쇄출이라는 용어가 나옵니다. _ 김호동 교수

쇄환·쇄출 정책은 군역을 피하고 조세를 면할 목적으로 섬에 숨어 들어간 사람들이나 죄를 짓고 도망친 자들을 찾아내어 다시 육지로 돌려보내고, 섬에 사람이 살지 못하도록 감시·관리하는 정책을 말한다. 그렇다면 조선은 왜 쇄환정책을 써야 했던 것일까. 그것은 울릉도에 출몰하는 왜구 때문이었다.

_ 쇄환정책을 실시하게 된 배경은 고려 말부터 조선 초기에 왜구가 아주 극성이었기 때문입니다. 울릉도를 전초기지로 삼아서 동해·남해·서해로 침범한 거죠. 그래서 더 이상 거기에 사람을 살게 하면 안 되겠다는 조선

의 강력한 의지를 표현한 거지요. 사람이 살지 못하게 하되, 현장을 직접 방문해서 꼼꼼하게 챙기는 거였죠.

동북아역사재단 독도연구소 김영수 연구위원

1416년 태종은 울릉도 상황을 파악하기 위해 삼척 사람 김인우를 불렀다. 김인우가 태종에게 보고한 울릉도에 대한 이야기는 『태종실록』에 남아 있다.

:: 무릉도가 멀리 바다 가운데에 있어 사람이 서로 통하지 못하기 때문에 군역을 피하는 자가 혹 도망하여 들어갑니다. 만일 이 섬에 거주하는 사람이 많으면 왜적이 끝내는 반드시 들어와 도둑질하여, 이로 인하여 강원도를 침노할 것입니다. _ 태종 16년 9월 ┛

태종은 김인우의 의견을 옳게 여겨 그를 무릉등처안무사로 삼고 울릉도에 파견한다. 다음 해 김인우는 울릉도의 토산물과 함께 거주민 세 명을 데리고 나왔는데, 당시 섬에는 모두 86명이 살고 있었다고 한다. 울릉도를 탐색하고 돌아온 김인우의 보고를 바탕으로 조선 조정은 쇄출 정책의 시행 여부를 두고 논의를 하게 된다.

조선은 공도정책이 아니라 섬을 관리하는 '쇄환정책' 실시

태종은 공조판서 황희와 안무사 김인우의 의견을 따라 쇄출을 명한다. 첫째는 백성들을 소환하여 군역과 세금을 매기기 위해서였고, 둘째는 왜구의 피해가 번지는 것을 막기 위해서였다. 즉, 섬

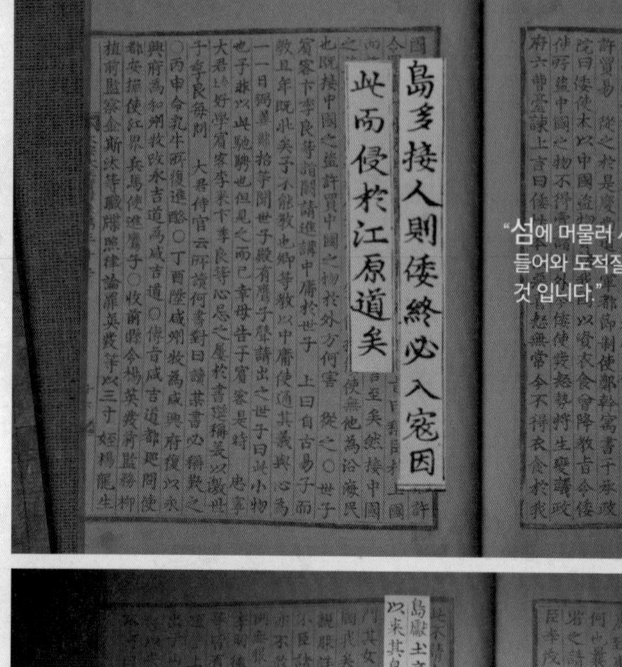

按撫使金麟雨還自于山
島獻土産大竹水牛皮生苧綿子檢樸木等物且率居人三名
以來其島戶凡十五口男女幷八十六

안무사 김인우가 우산도에서 돌아와 토산물인 대죽, 물소가죽, 생모시, 면자, 검박목등을 바쳤다. 또 그곳의 거주민 3명을 거느리고 왔는데, 그 섬의 호수는 15구요, 남녀를 합치면 86명이었다.

태종 17년 2월 5일

+

『태종실록』의 기록(위 : 태종 16년 9월, 아래 : 태종 17년 2월)

태종, 신하들과 우산 무릉도 주민의 쇄출 문제를 논의하다

+

우의정 한상경, 육조 대간에 명하여, 우산 무릉도의 주민을 쇄출하는 것의 편의 여부를 의논케 하니 모두가 말하기를 "무릉 주민은 쇄출하지 말고 오곡과 농기를 주어 그 생업을 안정케 하소서. 인하여 주수를 보내어 그들을 위무하고 또 토공을 정함이 좋을 것입니다" 하였으나 공조판서 황희만이 유독 불가하다 하며, "안치시키지 말고 빨리 쇄출하게 하소서" 하니 임금이 "쇄출하는 계책이 옳다. 저 사람들은 일찍이 요역을 피하여 편안히 살아왔다. 만약 토공을 정하고 주수를 둔다면 저들은 반드시 싫어할 것이니 그들을 오래 머물러 있게 할 수 없다. 김인우를 그대로 안무사로 삼아 도로 우산 무릉 등지에 들어가 그곳 주민을 거느리고 육지로 나오게 함이 마땅하다." _『태종실록』 33권을 버리는 것이 아니라 섬을 지키기 위해 쇄환·쇄출 정책을 실시한 것이다.

_ 태종이 의도했던 바는 일본이 조선을 침략하는 것을 막기 위해서 울릉도에도 일본인들이 살지 못하도록 정책을 편 것이죠. 해양정책을 동해안까지 넓힌 것입니다. _ 김영수 박사

_ 우리 전통적인 경우를 보면 왜적이 침입하면 산성으로 피난을 갑니다. 피난을 떠나면서 왜적에게 군량미를 대지 않으려고 들판을 비우지요. 그것을 청야 전술이라고 합니다. 왜구를 보면 바다를 건너서 섬과 연안 지역을 침범해 옵니다. 쇄환정책은 왜적 침입에 대한 독특한 전술로서 청도 전술이라고 얘기할 수 있습니다. _ 김호동 교수

조선이 일본의 침략에 대비해 백성과 영토를 지키기 위한 방안으로 쇄환정책을 실시해 왔다는 것을 뒷받침해 주는 자료가 또 하나 있다. 1437년 세종은 울릉도의 관리 방안에 대해 다시 한 번 논의하는 자리에서 쇄환정책의 목적을 분명하게 밝힌다.

:: 강원도 감사 유계문에게 전지하기를, '지난 병진년 가을에 경이 아뢰기를, 무릉도는 토지가 기름져서 곡식의 소출이 육지보다 10배나 되고, 또 산물이 많으니 마땅히 현을 설치하여 수령을 두어서 영동의 울타리를 삼아야 한다.'고 하였으므로 곧 대신으로 하여금 여러 사람과 의논하게 하였더니, 모두 말하기를, '이 섬은 육지에서 멀고 바람과 파도가 매우 심하여 헤아릴 수 없는 환난을 겪을 것이니 군현을 설치하지 않는 것이 마땅하다.' 하였다. 그러므로 아직 그 일을 정지하였더니 경이 이제 또 아

되기를 '고로들에게 들으니 옛날에 왜노들이 와서 거주하면서 여러 해를 두고 침략하여 영동이 빈 것 같았다.'고 하였다. 내가 또한 생각하건대, 옛날에 왜노들이 날뛰어 대마도에 살면서도 오히려 영동을 침략하여 함길도에까지 이르렀었는데 무릉도에 사람이 없는 지가 오래니, 이제 만일 왜노들이 먼저 점거한다면 장래의 근심을 또한 알 수 없다. 현을 신설하고 수령을 두어 백성을 옮겨 채우는 것은 사세로 보아 어려우니 매년 사람을 보내어 섬 안을 탐색하거나 혹은 토산물을 채취하고, 혹은 말의 목장을 만들면, 왜노들도 대국의 땅이라 생각하여 반드시 몰래 점거할 생각을 내지 않을 것이다. _『세종실록』 76권 ■

조선은 왜구들이 울릉도를 거점으로 하여 강원·강릉 등 영동 지방으로까지 침략해 올 것에 대한 염려가 컸다. 그렇다고 무작정 백성들을 이주시킬 수도 없는 노릇이었다. 울릉도로 가는 길은 '육지에서 멀고 바람과 파도가 매우 심하여' 때를 잘못 고르는 날엔 무고한 백성의 목숨이 희생될 수도 있다는 판단 때문이었을 것이다. 울릉도로 백성을 이주시키고 현을 설치해야 한다고 주장한 강원도 감사 유계문의 주장은 효율성이 떨어지고 위험부담이 크다는 지적을 받은 셈이다.

결국 세종은 울릉도 쇄환정책을 유지하기로 결정한다. 대신 매년 사람을 파견할 것을 명하며 "왜노들도 대국의 땅이라 생각하여 반드시 몰래 점거할 생각을 내지 않을 것이다"라고 말한다. 그러니까 세종은 쇄환정책을 통해 울릉도가 조선의 행정권 아래 있는 영토임을 주변 국가에 주지시키고자 했던 것이지 쓸모없는 땅이라 여겨 버리려 한 것이 아니었다. 다시 말하지만 조선은 섬을 버리는 '공도정책'이 아니라 섬을 관리하는 '쇄환정책'을 펼쳤던 것이다.

울릉도는 정말 무인도였을까?

그렇다면 세종 이후는 어떠했을까. 『죽도고증』에 나온 주장대로 임진왜란 이후 조선은 울릉도를 방치한 채 버려 두었던 것일까. 울릉도는 정말 무인도였던 것일까.

답은 '그렇지 않다'이다. 물론 조선은 울릉도에 백성이 출입하는 것을 금지했다. 그러나 백성은 그 섬을 버려둘 수 없었다. 지금부터는 16, 17세기에 목숨을 걸고 울릉도와 독도로 건너가야 했던 사람들의 이야기를 해보자.

> _ 17세기는 소빙하기로 인한 대재난의 시기입니다. 현종 때인 1670년, 1671년에 100만 명가량이 죽었다는 기록이 있습니다. 숙종 때인 1694년과 1695년에도 그에 못지않은 기근이 닥쳤다는 기록이 있습니다. 대재난을 당하면 사람들은 살 길이 없어지지요. 그래서 청나라로 넘어가기도 하고, 장길산처럼 도적 떼가 되기도 하고, 바다를 건너 울릉도·독도로 건너가기도 했지요. 울릉도·독도의 경우는 수령이 없다 보니 우리나라 동남해 연안 주민들이 울릉도로 건너가서 어로 작업을 하고, 봄에 들어가서 가을에 출항을 한 거지요. 그러면서 배를 만들고, 나무를 베어 잔뜩 실어 와서 거문도에 가서 집들을 짓곤 했습니다. _ 김호동 교수

소빙하기로 인한 자연재해는 농업이나 어업 등의 생업 활동에 심대한 타격을 주었기 때문에 토지에서 이탈하여 산간 지역이나 섬으로 도망가는 사람들이 늘어났다.* 당장 먹고살

* 「울릉도·독도 어로 활동에 있어서 울산의 역할과 박어둔」, 김호동, 2010.

길이 막막한 상황에서 할 수만 있다면 조세와 군역의 부담을 피해 도망치고 싶지 않았을까. 그렇게 백성들은 삶을 이어가기 위해, 혹은 힘겨운 삶으로부터 도피하기 위해 바다로 떠났다.

_ 울릉도는 그 당시 어민들한테 보이지 않는 섬이지만 일종의 이상향, 심하게 얘기하면 파라다이스 같은 곳으로 인식되어 있었기에 나라에서 들어가지 말라고 엄격하게 지시를 내렸음에도 불구하고 들어가서 해초도 캐고, 전복도 따는 식으로 수산 활동을 전개하고 있었습니다.

제주대학교 주강현 교수

울릉도에서는 전복과 미역이 많이 났다. 특히 울릉도 전복은 품질이 매우 뛰어났으며 어획량도 풍부했다고 한다. 17세기 울릉도로 출어를 나섰던 오야와 무라카와 가문 역시 전복을 주로 채취했기 때문에 일본 측 기록에도 울릉도 전복에 대한 이야기가 나온다.

:: 이 섬의 전복은 매우 크며, 이것을 꼬치전복으로 하면 그 맛에는 견줄 만한 것이 없다. 해안에 나란히 서 있는 대나무를 휘어서 속에 담가 두었다가 매일 아침에 그것을 끌어올리면 대나무의 가지에 전복이나 대합이 걸려 있다. _ 백기민담기 / 개척령기 울릉도와 독도로 건너간 거문도 사람들 _ 김수희, 2011.4 재인용) ▟

나라에 진상할 전복의 수량을 채우지 못하면 관리에게 맞아 죽기까지 했던 어민들에게 최고 품질의 전복이 가득한 울릉도 어장은 한번 가본 다음에는 도저히 발길을 끊을 수 없는 황금어장이었을 것이다.

숙종 19년 『비변사등록』(조선 중·후기 국가 최고회의 기관이었던 비변사의 활동을 적은 일기체 기록)에는 울릉도로 출어를 나서는 어민들에 대해 좌의정 목내선이 언급한 내용이 남아 있다.

:: 경상도 연해의 어민들은 비록 풍파 때문에 무릉도에 표류하였다고 칭하고 있으나 일찍이 연해의 수령을 지낸 사람의 말을 들어 보니 바닷가 어민들이 자주 무릉도와 다른 섬에 왕래하면서 대나무도 베어 오고 전복도 따오고 있다 하였습니다. _『비변사등록』

이렇듯 쇄환정책이 엄격히 실시되는 중에도 백성들은 관리들의 눈을 피해 울릉도로 고기잡이하러 나섰던 것이다. 안용복 사건은 그 과정에서 발생한 것이다.

_ 실제 안용복 사건이 일어난 이후에 조정에서 경상감영이나 경상도의 수령을 지낸 사람들에게 문의를 합니다. 그러자 수령들이 울릉도와 다른 섬에 우리나라 사람들이 해마다 건너가서 어로 활동을 하고 있다는 얘기를 합니다. 안용복 사건이 일어날 무렵인 1692년 기록을 보면 우리나라 사람들이 여기저기 수십 명씩 있다는 기록이 보입니다. 안용복 사건이 일어났을 때에는 울산 배 한 척, 전라도 배 한 척, 부산 배 한 척이 들어갔습

니다. 42명이 들어갔지요. 숙종 재위 무렵 조선과 일본 사람들이 많이 몰려든 거죠. 일본 오야 가문과 무라카와 가문은 교대로 1년마다 왔습니다. 배 두 척에 50여 명씩 타고 왔지요. _ 김호동 교수

영남대학교 독도연구소 송휘영 교수

_ 1693년 일본 어민들이 울릉도에 건너갔을 때 안용복 일행이 들어와서 어로 활동을 하고 있었기 때문에 서로 경합이 붙어 일본 어민들이 고기잡이를 하지 못하고 그냥 빈 배로 돌아갑니다. 그러자 일본 어민들은 그 이듬해 총포를 갖추고 울릉도로 옵니다. 조선인들이 또다시 울릉도에 와 있을 거라고 예상했기 때문이죠. 자기들이 방해받지 않고 독점적으로 고기잡이하고 벌목을 하는데 어느 순간 조선 선단이 80명, 40명 규모로 오거든요. 배가 몇십 척 왔다고 하니까. 1692년에는 40~50명 이상 왔다고 합니다. 그에 비해 일본인은 20명 정도밖에 안 되었죠. 20명이 40명 넘는 되는 사람들과 싸우려면 질 수 있단 말이에요. 그래서 일본인들이 그때는 물러납니다. 대신 그다음에는 인원이 적으니까 무기를 가져야 대적할 수 있잖아요. 무기를 갖고 가서는 조선인들을 불러서 "여기 왜 왔냐? 이곳은 우리 어장이고 우리 땅이다, 우리 땅 죽도다" 한 거예요. 그러자 우리 쪽 안용복 일행이 "무슨 소리야? 조선 땅 울릉도인데 너희들이 왜 여기 왔느냐"면서 다툼이 벌어진 거죠.

그렇다면 조선과 일본의 어민 간 충돌로 시작된 양국의 영토 분쟁은 어떻게 결말이 났을까.

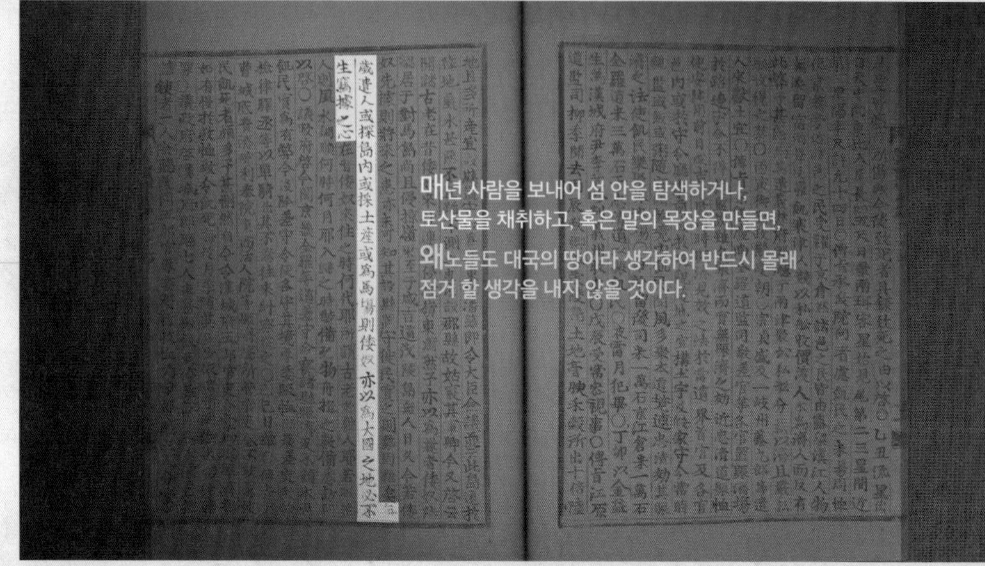

『세종실록』 76권

조선의 쇄환정책

+

17세기 조선은 쇄환정책을 펼쳐 관리하기가 힘든 먼 바다의 섬에는 백성들이 살지 못하도록 했다. 이는 왜구로부터 백성을 보호하고, 한편으론 더 많은 세금을 징수하기 위해서였다. 일본의 주장처럼 섬을 텅 비운 채 내버려두는 '공도정책'과는 다르다. 조선은 쇄환정책을 실시한 수백 년간 정기적으로 안무사·수토사·검찰사 등을 파견하여 영토를 관리해 왔다. 세종의 말처럼 쇄환정책은 울릉도가 조선의 영토임을 분명히 알려 함부로 침범할 생각을 갖지 못하도록 하기 위한 것이었다.

'죽도는 곧 울릉도이며 조선의 땅'

울릉도 쟁계의 결말, 죽도도해금지령

다시 1대 수토사 장한상의 출항 장면으로 돌아가 보자. 울릉도를 집어 삼키려는 쓰시마 번주의 계략을 눈치챈 조선 조정은 '우리나라의 울릉도와 귀경의 죽도'라는 표현으로 엉뚱한 해석의 여지를 남긴 회답서를 회수하는 동시에 울릉도의 상황을 파악하기 위해 장한상을 파견했다.

1694년 9월 19일 삼척에서 출발한 장한상은 10월 3일까지 울릉도에 머물며 조사를 마친 뒤 삼척으로 돌아왔다. 그리고 앞서 이야기한 것처럼 조선은 장한상의 보고를 바탕으로 쇄환정책을 유지하되, 정기적으로 관리를 파견하는 수토정책을 시행하기로 결정했다. 이듬해 6월 "죽도는 곧 울릉도이며 조선의 땅"이라고 명확히 밝힌 남구만의 새로운 서계를 두고 한 치의 양보도 없는 논쟁을 펼쳤던 도다 요자에몽은 별다른 수확 없이 결국 쓰시마로 돌아갔다.

이에 울릉도를 노린 계략이 실패할지도 모를 상황임은 물론, 조선의 대응이 심상치 않다고 느낀 쓰시마 번주는 에도 막부에 이 같은 사실을 고한다.

에도 막부는 즉각 진상 파악에 나선다. 우리에게도 많이 알려진 '돗토리번의 답변서'가 바로 이 대목에서 등장한다.

죽도의 조선 영유권을 인정한 '돗토리번 답변서'

돗토리번 답변서에 관한 내용은 나중에 자세히 다룰 기회가 있으니 우선 간단히 요약만 해본다면 이렇다. 울릉도 소유권에 관한 사실 관계 확인을 위해 에도 막부가 돗토리번에 질의서를 보냈는

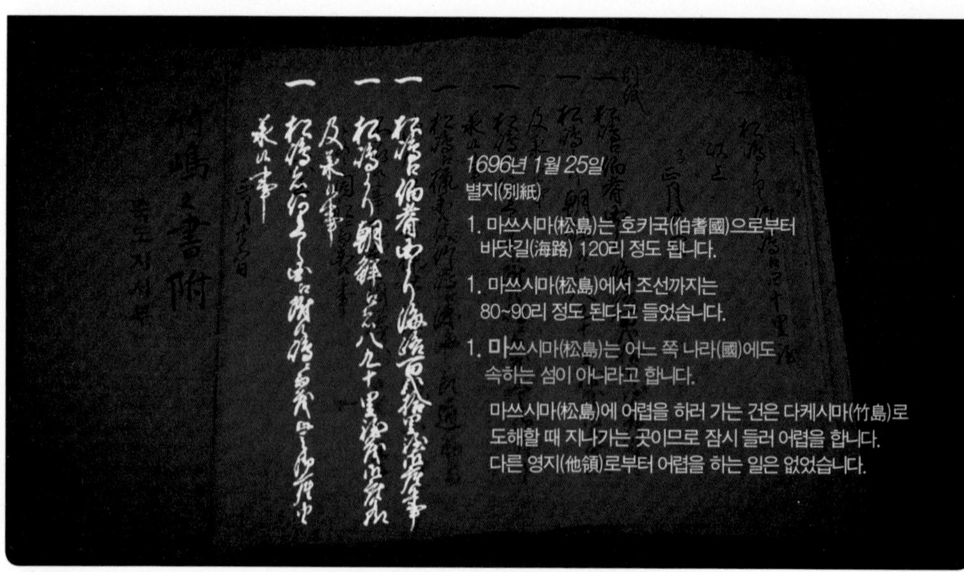

울릉도가 자신들의 땅이 아니라고 인정한 '돗토리번 답변서'

데, 그에 대해 돗토리번은 울릉도가 자신들의 소유가 아니라고 답변한 것이다. 일본 어민들이 수십 년간 어업 활동을 해왔던 땅이라며 억울함을 토로해도 돗토리번에서는 자신들의 땅이 아니라고 밝힌 것이다. 에도 막부는 조선과의 외교 문제로 연결되는 이 사안을 복잡하게 끌고 갈 필요가 없었을 것이다.

이렇게 해서 1693년에 시작된 한·일 영유권 분쟁은 1696년 일본이 조선의 영유권을 인정하는 것으로 종결된다. 울릉도 쟁계는 3년 가량에 걸친 외교전을 통해 우리 영토를 지켜낸 기록인 것이다. 일본에는 '죽도일건'이라는 이름으로 17세기 영유권 분쟁에 대한 내용이 상세히 기록되어 있다. 에도 막부는 분쟁을 마무리지으며 일본 어민들의 울릉도 출입을 금지시켰는데, 『어용인일기御用人日記』에는 당시 전국에 내려졌던 죽도도해금지령의 내용이 그대로 남아 있다.

:: 이전 '마쓰다이라 신타로'가 인슈와 하쿠슈를 다스리던 때, 하쿠슈 요나고의 상인 '무라카와 이치베'와 '오야 진키치'가 죽도(울릉도)에 도해하여 현재까지 어업을 해왔지만 향후에는 죽도 도해 금지를 명하니 이를 명심하라. _『어용인일기』, 1696년 1월 28일

이로써 한·일 양국은 울릉도와 독도의 영유권이 조선에 있음을 명시한 외교 문서를 남기게 되었다.

_ 그 이후 에도 정부 자료라든지 메이지 정부 자료들의 경우, 원론 연간(17세기 후반 울릉도 쟁계)의 일을 다 거론합니다. 울릉도와 독도가 우리나라 영토라는 결정적인 증거이지요. _ 김호동 교수

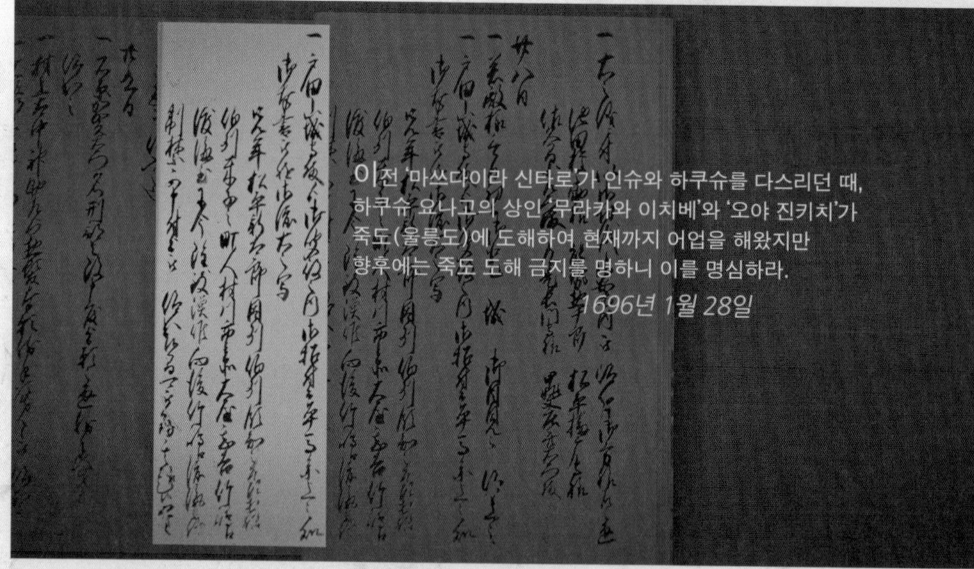

17세기 『어용인일기』에 기록된 죽도도해금지령

+

17세기 울릉도 쟁계의 결과 한·일 양국은 '죽도도해금지령'이라는 공식 문서를 남기게 된다. 향후 일본은 울릉도 소속과 관련한 분쟁이 생길 때마다 17세기 울릉도 쟁계와 죽도도해금지령을 근거로 울릉도가 조선의 땅임을 재확인했다.

19세기 죽도도해금지령 나무 팻말

\+

1836년 일본의 하치에몬이라는 자가 울릉도와 독도에서 몰래 조업을 벌이다 발각되어 처형된 일이 있었다. 이때에도 막부는 17세기 울릉도 쟁계 때의 일을 거론하며 울릉도는 조선의 영토로 도해가 금지되어 있다고 강조했다. 그리고 1837년 일본 곳곳에는 울릉도, 즉 죽도 도해가 엄격하게 금지되어 있음을 다시 한 번 알리는 팻말이 걸리게 된다.

팻말 내용 : 죽도는 겐로쿠(1688~1704) 시대부터 도해 정지를 명령한 곳이므로 다른 나라 땅에 항해하는 것을 엄중히 금지한다.

조선의 승리로 끝난 1차 영토 분쟁

–

영토주권 의지 밝힌 수토정책

울릉도 쟁계 이후 정기적으로 파견된 수토사들은 울릉도에 왜구가 침입한 흔적이 없는지 살피는 동시에 토산물과 지형을 조사하며 울릉도에 대한 정보를 축적해 나갔다. 울릉도에는 이러한 수토사들의 행적을 더듬어 볼 수 있는 유적과 장소들이 남아 있다.

옛 우산국의 수도였다고도 전해지는 울릉도 태하리. 조선 말기 가장 먼저 개척민이 이주했던 곳이기도 한 태하리에는 울릉도에서 유일하게 황토를 채취할 수 있는 황토굴이 있다. 수토사들은 울릉도를 다녀왔다는 증표로 태하리의 황토와 함께 울릉도에 자생하는 향나무를 가져가야 했다.

구체적인 수토 사실을 확인할 수 있는 기록 또한 울릉도에 남아 있다. 도동리 각석문이다. 1937년 울릉도 도동항 축항 공사 때 발견되어 바다에서 인양되었는데, 두 개의 바위에 새겨져 있던 각석

수토사들의 행적을 더듬어 볼 수 있는 울릉도의 태하리 황토굴

문 중 현재는 1기만 남아 있다. 울릉도 향토사료관에 전시돼 있는 각석문은 숙종 37년(1711)에 수토사 박석창이 새긴 것으로, 수행원들의 직책과 이름 등을 통해 당시 수토의 규모와 내용을 짐작할 수 있는 매우 중요한 기록이다(80쪽 참조).

수토제는 영토주권 행사의 증거

조선의 수토제도는 정부가 직접 관리를 파견했다는 점에서 큰 의미가 있다. 영토에 대한 주권 행사의 증거가 되기 때문이다.

그렇다면 울릉도 쟁계 이후 정식으로 자리 잡은 수토제도는 얼마나 오래 지속되었을까.

도동리 신묘명 각석문

+

辛卯五月初九日到泊于倭舡倉　以爲日後憑考次　萬里滄溟外將軍駕彩舟
平生仗忠信履險自無憂

搜討官折衝將軍三陟營將兼僉節制使朴錫昌　拙句刻石于卯方

신묘년(1711) 5월 초 9일 도착하여 왜 선창에 머무르고 이로써 후일에 상고하기 위하여, 만리 푸른 바다에 장군이 되어 멋진 배를 탔도다. 대장부로서 평생 충성과 신의를 지켰으니 험난함을 당해도 걱정할 것이 없도다.

수토관 절충 장군 삼척영장 겸 첨절제사 박석창, 졸구를 묘방의 돌에 새기다

군관 절충 박성삼 / 절충 김수원 / 왜학 한량 박명일 / 군관 한량 김원성 / 도사공 최 분 / 강릉 통인 김 만 / 영리 김사흥 / 군색 김효랑 / 중방 박일관 / 급창 김시운 / 고직 김심현 / 식모 김세장 / 노자 김예발 /사령 김을태

수토사들이 순풍을 기다리며 머물던 울진의 대풍헌

울진의 대풍헌. 이곳은 울릉도 쟁계 이후 파견된 수토사들이 순풍을 기다리며 머물던 곳이다. 언제 건립되었는지 정확한 시기는 알 수 없지만 철종 2년(1851)에 중수하고 현판을 달았다는 기록이 남아 있다.

또한 대풍헌이 소장하고 있는 문서인 수토절목(수토사 일행의 접대를 위한 경비까지 추가로 부담해야 했던 구산동민들의 불만이 커짐에 따라 작성된 것으로 경비 부담을 줄일 수 있도록 삼척부에서 방책을 세운 내용이 담겨 있다.)의 제작 시기는 1883년으로 추정되고 있는데, 이를 통해 조선 후기까지 수토정책이 이어져 왔음을 짐작할 수 있다.

더욱이 최근 조선 후기까지 이어진 수토제의 실상을 파악할 수 있는 중요한 민간 사료가 강원도 삼척 지방에서 발견되었다. 『한길댁 일기』다. 『한길댁 일기』에는 수토가 이루어진 날과 그 운용 방식에 관한 기록이 남아 있다.

울릉도 수토 기록이 남아 있는 『한길댁 일기』

_ 지금까지 조선시대 수토사 파견 관련 자료들은 주로 관찬 자료, 특히 『조선왕조실록』을 활용했습니다. 그런데 사실 『조선왕조실록』에는 수토사 파견 관련 기록이 굉장히 소략합니다. 초기 자료가 조금 있을 뿐, 후기로 오면 거의 없다고 해도 될 정도입니다. 따라서 우리가 앞으로 주목해야 할 자료는 수토사가 파견되던 지역, 즉 강원도 영동 지방의 민간에 남아 있을 수 있는 사찬 자료들입니다. 예를 들면 일기나 문집 등에 수토사 관련 자료들이 아직 남아 있을 가능성이 있습니다. 그중에서 『한길댁 일기』는 조선 후기 강원도 삼척 지방에 세거하던 강릉 김씨 감찰공파 한길댁 구성원들이 대를 이어서, 지금 말하면 달력인 책력의 여백이나 이면에 자기들의 일상생활 속에서 보고 들은 내용이라든지 아니면 직접 경험한 내용을 적어 놓은 생활일기라고 보면 됩니다. 여기에 울릉도 수토와 관련해 관찬 사료에서 부족한 부분을 보충할 수 있는 기록이 군데군데 보입니다. 예를 들면 수토사의 출항과 귀항 사실, 또 수토사의 이름이라든지 아니면 민들이 납부했던 수토료, 즉 양식 등이죠. 수토료의 현황과 민들이 수토 후망 수집꾼(항해술이 뛰어나지 못하고 풍향이 일정하지 않았기 때문에

수토사가 떠나고 난 다음부터 돌아올 때까지 망을 보는 일)을 조직해서 바닷가에 망을 섰던 내용 등이 단편적이지만 군데군데 보입니다. 순조 때부터 철종 때까지 기록이 돼 있는데, 일반적으로 18세기까지만 수토가 이뤄지고 19세기에는 정치적 혼란 때문에 수토가 이뤄지지 못한 것으로 이해해 왔습니다. 하지만 최근의 자료를 보면 1894년 공식적으로 수토제가 폐지될 때까지 거의 이뤄져 왔다는 것을 확인할 수 있습니다. _ 배재홍 교수

이처럼 무려 200년간이나 이어진 조선의 수토제도는 울릉도 · 독도에 대한 영토주권 의지의 반영이었다.

_ 수토정책은 한마디로 수색과 토벌입니다. 수색을 해서 외지인, 특히 일본인들이 살지 못하도록 하기 위한 토벌 작전이었죠. 그것은 국가가 행정적으로 그 영토를 관리하고 있다는 중요한 의미를 갖습니다. _ 김영수 박사

조선, 1차 한·일 영유권 분쟁에서 승리

지금까지 안용복 납치사건을 시작으로 수토정책의 정착까지 숙종 시절에 일어났던 울릉도 쟁계의 전말을 살펴보았다. 이것은 한·일 관계사 2000여 년 중 가히 최초의 공식 영토 협상이라고 해도 과언이 아니다. 17세기에 일어났던 이 협상의 승자는 다행히도 조선이었다.

하지만 그 과정을 보면 조선이 울릉도를 지켜낸 것은 천운에 가깝다는 생각이 든다. 울릉도 쟁계를 행운이라 부를 수 있는 이유는 크게 세 가지다.

첫째, 안용복이라는 걸출한 인물이 조선 정부도 하지 못한 영토 수호 행동을 실천했다는 것이고, 둘째 조선 조정 내에서 의도치 않

왔던 정치세력의 교체가 이루어졌다는 점, 셋째 당시 울릉도 문제에 일본의 지방정부인 돗토리번과 쓰시마 측만 관심이 있었고 중앙정부인 에도 막부는 관심이 없었다는 점이다.

어쨌든 17세기 한·일 최초의 영토 분쟁이라 할 수 있는 울릉도 쟁계 이후 바다는 평화로웠다. 일본인들은 더 이상 조선의 바다를 찾지 않았던 것이다. 그렇게 170여 년의 세월이 흘렀다.

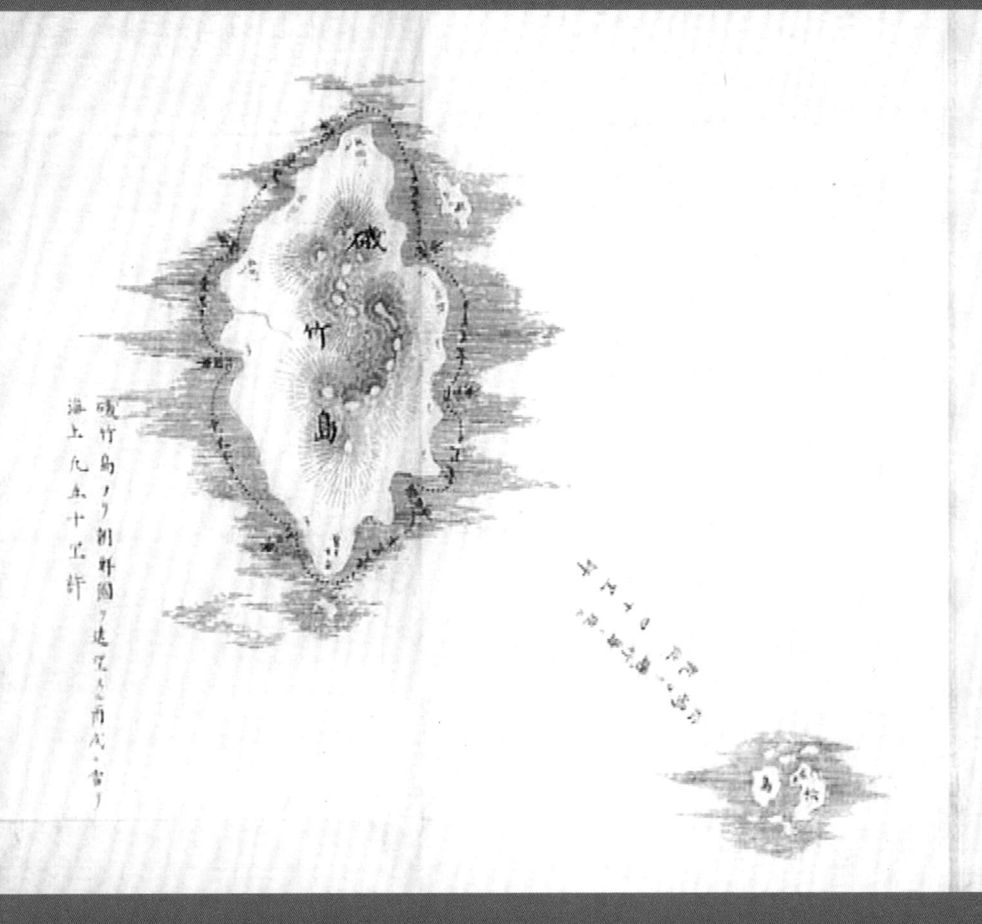

2장

19세기 다시 타오른 일본의 욕망 '울릉도·독도 침탈'

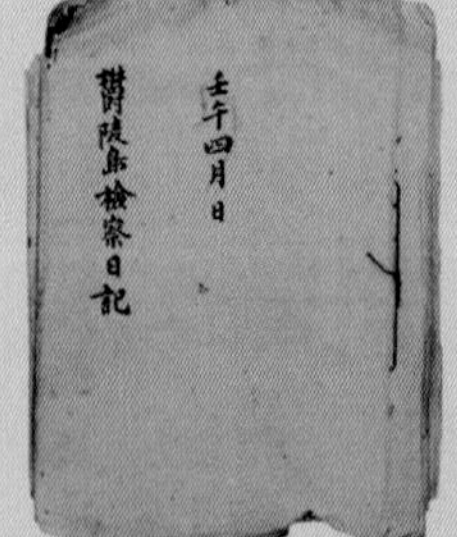

+ 이규원이 쓴 『울릉도 검찰일기』

송도는

조선의 울릉도에 속한 섬이었는가?

혹은 밖에 있는 섬이었는가?

–

대마도 종가 고문서 no4013

오가사와라 제도

–

태평양의 무인도, 일본의 영토가 되다

서태평양, 자유롭게 유영하는 혹등고래와 돌고래들의 바다. 그 속에 30개의 크고 작은 섬들이 자리하고 있다. '동양의 갈라파고스'라고 불리는 이 아름다운 섬은 2011년 유네스코 세계자연유산으로 등재되었다. 이곳의 이름은 오가사와라 제도小笠原諸島. 도쿄에서 1200km나 떨어져 있으며 유일한 교통수단인 배로 스물다섯 시간 걸린다. 일본 본토보다는 차라리 서태평양 사이판에 더 가까운 섬이다. 그럼에도 이 섬은 도쿄도의 행정구역에 속한다.

오가사와라 제도가 공식적으로 일본에 편입된 것은 1876년의 일이다. 일본으로서는 섬의 편입을 통한 영토 확장의 첫 번째 사례이다. 일본 최초의 영토 편입은 어떻게 이루어졌을까?

일본은 1670년쯤 이 섬을 발견했는데, 한동안은 무인도라는 뜻의 '부닌지마'라 불렀다. 무인도(부닌지마)가 오가사와라 제도라는 이

1876년 일본 영토로 편입된 오가사와라 제도

름을 갖게 된 데는 전해져 오는 이야기가 있다. '오가사와라 사다요리'란 무사가 16세기 말 이 섬을 처음 발견하였는데, 도요토미 히데요시로부터 봉지로 받은 후 자신의 이름을 따서 '오가사와라 제도'로 이름 붙였다는 것이다. 그러나 이후 조사에서 사다요리의 존재 자체가 의심스럽고, 이 섬의 소유권을 주장하기 위한 사다요리 후손의 사기극이었을 가능성이 제기됐다.

오가사와라 제도는 어떻게 일본 영토가 되었나

일본은 1675년경 공식적으로 오가사와라 제도를 한 차례 순검한 이후 더 이상 개척하지 않고 방치했다. 1827년 이 섬에 도착한 영국이 먼저 이 섬을 영국의 식민지라 주장했다. 1830년에는 미국인 나타니엘 세보리 등 서양인들이 들어와 거주를 시작했지만 그

미국인 나타니엘 세보리의 비석과 그의 후손인 세보리 로키

때도 일본은 별다른 조치를 취하지 않았다. 현재 오가사와라에는 초기 개척민 중 한 사람이었던 나타니엘 세보리의 후손들이 남아 있다.

_ 저희 선조들의 고향은 미국 매사추세츠 주 보스턴 블랫포드입니다. 당시 배를 타고 포경을 위해서 이곳으로 왔는데, 이곳에는 고래가 엄청나게 많았습니다. _ 세보리 로키

일본이 방치해 두었던 이 섬은 나타니엘 세보리와 같은 이들로 인해, 즉 19세기 서양 포경선의 등장과 함께 다시 관심의 대상으로 떠올랐다.

_ 일본 정부는 오가사와라라는 섬을 알고 있었습니다. 일본이 기본적으로 섬이기 때문에 해양에 대한 지식이 상대적으로 좀 더 많이 축적돼 있다고 볼 수 있는데, 16세기 말 이 먼 곳에 오가사와라 섬이 있다는 사실

을 알고 있었던 거죠. 하지만 그 시점으로부터 거의 250년 이상을 섬이 있다는 사실을 인지한 상태에서 방치해 왔습니다. 너무 멀리 떨어져 있어 일본 막부가 자기 영토로 관리하기가 어려웠기 때문이지요.

울산대학교 허영란 교수

그런데 19세기 중반 들어 한국과 일본을 포함한 동아시아 지역 전체에 변화가 나타납니다. 특히 해양에서 큰 변화가 나타나는데, 다름아닌 포경업의 발달입니다. 서양의 포경선들이 일본 근해, 심지어 동해까지 온 거지요. 포경선들은 대개 몇 년씩 바다를 떠다니기 때문에 섬을 발견하면 그 섬에서 식수를 얻거나 연료를 얻습니다. 오가사와라 섬이 포경선들에게 유용하게 활용할 수 있는 섬이 된 거지요. 그러면서 섬의 경제적 가치, 나아가 서양의 군사적 압력이 가해지면서 정치·군사적 가치에 대해서 주목하게 됩니다. 더욱이 19세기 말 일본에서 해외 개척열이 일어납니다. 섬을 개척하는 붐이 일어난 거지요. 그래서 수많은 모험가들이 멀리

떨어져 있는 섬들을 조사하러 갑니다. 또 그 섬을 일본 영토로 편입하고 개척해서 경제적 이득을 얻기 위해 도서 편입을 원하는 민간인들의 요청이 쇄도하게 됩니다. 그 과정에서 오가사와라부터 편입하게 된 것이죠.

1868년 메이지 유신 이후, 근대적 중앙집권국가 체제를 수립한 일본은 1870년 홋카이도를 편입한 데 이어, 1872년 류큐(오키나와), 1876년 오가사와라 제도를 편입하고, 1894년 타이완까지 점령하며 영토 확장에 더욱더 열을 올렸다.

그중에서도 오가사와라 제도의 일본 편입은 홋카이도나 오키나와 편입 과정과는 사뭇 달랐다. 뒤에서 자세히 살펴보겠지만 오가사와라 제도는 일본 본토에서 비교적 가까운 거리에 위치한 관계 또는 군사력을 사용한 강제 침탈 방식이 아니라 미국·영국 등과의 외교 분쟁을 거쳐 어렵게 인정받은 것이었다. 섬의 편입을 통한 영토 확장은 일본인들에게 매우 고무적인 경험이었다. 일본이 이토록 영토 확장에 매진하게 된 데는 내부적 문제를 해결하기 위한 목적이 컸다.

메이지학원대학 이시하라 슌 교수

_ 19세기 말~20세기 초는 인구 문제가 심각했습니다. 특히 막부의 무사 계급이 해체되면서 직업을 잃고 길을 헤매고 다니는 무사들이 넘쳐나게 되었죠. 그들과 그들에게 붙어 있던 농민들을 입식자入殖者로 받아들일 곳으로 홋카이도가 선정됐습니다. 오가사와라 제도에도 그런 배고픈 무사들이 입식자로 이주하게 됩니다.

오가사와라 발견 기념비(무인도발견지비)

멀리 떨어진 거리만큼이나 우리와 아무런 상관이 없을 것 같은 태평양의 섬, 오가사와라 제도. 그러나 오가사와라의 일본 편입은 결과적으로 울릉도·독도의 안위에 막대한 영향을 미치게 된다.

오가사와라 편입 성공 소식이 전해지자, 새로운 영토 개척열에 들뜬 이들에게 울릉도는 그 어느 곳보다 매력적인 섬으로 다가왔을 것이다. 울릉도를 개척하겠다는 청원서가 줄을 이었다. 울릉도를 갖고 싶어 했던 일본인들의 욕망이 제국주의의 팽창과 함께 되살아난 것이다.

일본 제국주의의 팽창

영토 편입 열풍, 울릉도를 향하다

1876년 7월 무토 헤이가쿠武藤平學라는 자가 '송도개발건의서'를, 1877년 1월 도다 다카요시戸田敬義라는 자가 '죽도도해청원서'를 일본 정부에 제출했다. 이름에 혼동은 있었지만 이들이 개척하고 싶었던 목표는 분명 울릉도였다.

_ 당시에는 독도를 다케시마·마츠시마라고 부르거나 량코도라고 불렀습니다. 이때는 명소의 혼란이 보이는 시기이기 때문에 "다케시마에 도해하고 싶다"는 것도 울릉도를 말하고, "마츠시마에 도해하고 싶다"는 것도 울릉도를 말했다고 볼 수 있습니다. 예를 들어 무토 헤이가쿠의 건의서에도 마츠시마라고 적혀 있습니다만, 이것 역시 울릉도입니다.

_ 후쿠하라 유우지 교수

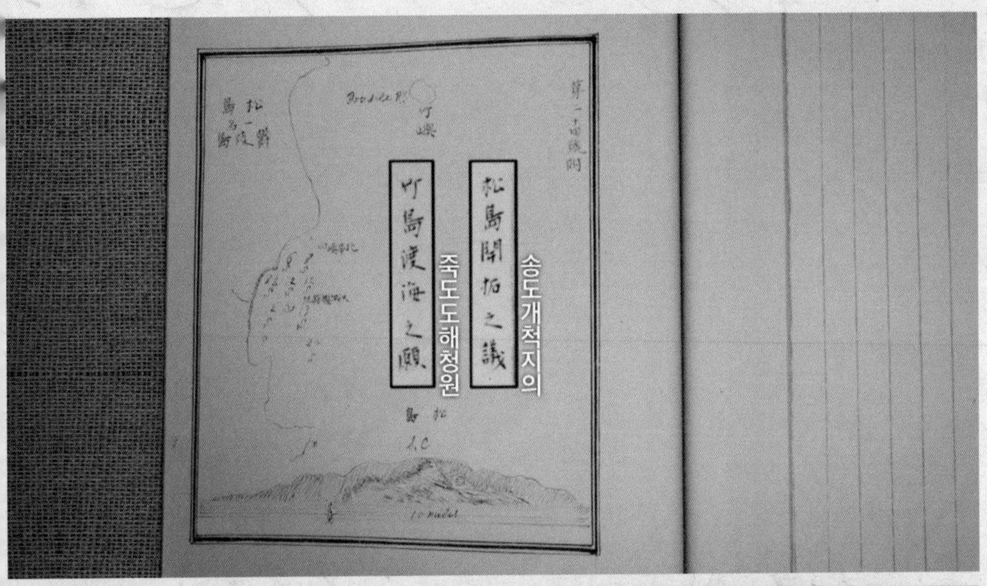

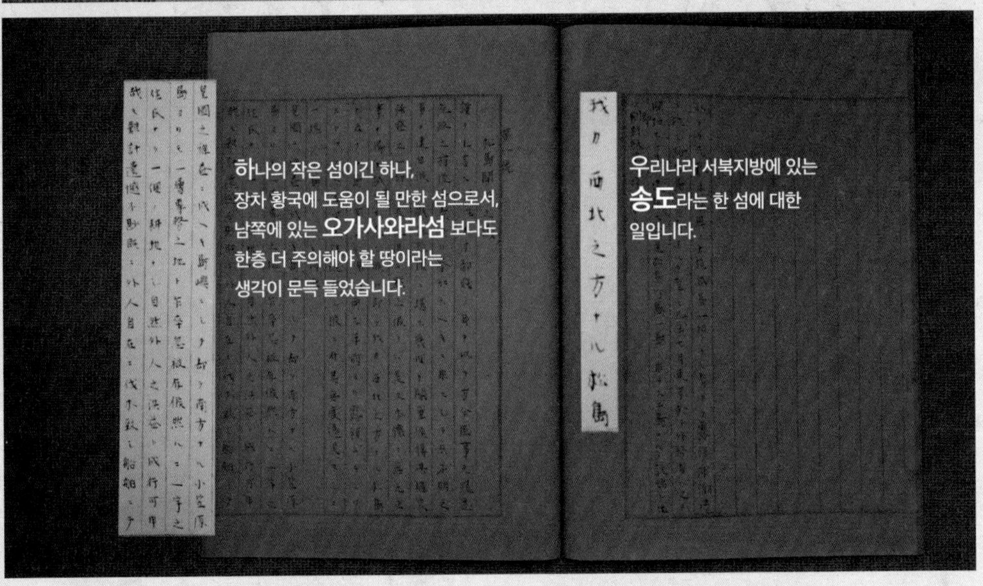

+

일본인들이 일본 정부에 제출한 '송도개발건의서'와 '죽도도해청원서'

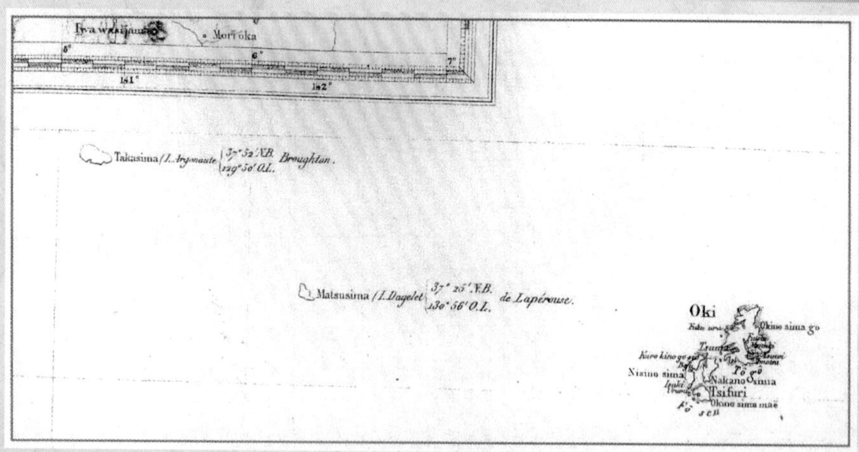

+

시볼트 지도에 잘못 표기된 울릉도(아래는 빨간색 표시 부분을 확대한 지도)

이름에 혼동이 생긴 것은 서양의 지도가 들어오면서 서양 지도의 오류도 그대로 유입되었기 때문이다. 대항해 시대, 탐험을 나선 유럽인들은 낯선 섬을 보면 자신들이 '발견'했다고 생각하고 저마다 이름을 붙였다. 조선 백성들의 수백 년간의 삶터였던 울릉도도 예외가 아니었다.

두 개의 이름을 갖게 된 울릉도

1787년 동해를 항해하던 프랑스의 해군 함장 라페루즈는 울릉도에 '다줄레Dagelet'라는 이름을 붙였다. 2년 뒤에는 영국의 제임스 콜넷이 울릉도를 보고 '아르고노트Argonaute'라는 이름을 붙였다. 울릉도는 졸지에 두 개의 서양식 이름을 더 갖게 된 것이었다.

문제는 라페루즈와 제임스 콜넷이 울릉도의 위치를 서로 다르게 그린 것이었다. 아르고노트가 현재의 울릉도보다 좀 더 동해에 가깝게 그렸다면, 다줄레는 비교적 바른 위치에 울릉도를 그려넣었다. 결과적으로 서양에서 제작한 지도에는 동해상의 울릉도가 아르고노트와 다줄레라는 두 개의 다른 섬인 양 기록되기 시작했다.

네덜란드 의사 시볼트

1840년, 네덜란드 의사 시볼트가 일본에서 의술을 전파하며 7년가량 머물렀던 경험을 바탕으로 일본 지도를 만들었다. 시볼트 역시 동해상에 아르고노트와 다줄레라는 두 개의 섬을 그렸다.

그런데 그는 일본에 머물렀던 경험과 지식으로 인해 더 큰 오류를 범하고 말았다. 동해상에 다케시마와 마츠시마로 불리는 두 섬이 있다는 것을 알고 있었던 시볼트는 아르고노트와 다줄레가 당연히 이 두 섬일 것으로 생각하고 아르고노트를 '다케시마', 다줄레를 '마츠시마'라고 병기한 것이다.

이 같은 상황에서 1855년 아르고노트가 바다 위에 실재하지 않는 섬이라는 사실이 영국의 측량을 통해 밝혀지면서 지도에서 아르고노트, 즉 다케시마는 존재하지 않는 섬으로 그 이름이 삭제되었다. 이제 지도에 남은 것은 다줄레, 즉 '마츠시마'뿐이었다.

그러자 울릉도에 대한 역사적 지식이 없던 일본인들은 그것이 울릉도의 이름이라고 생각하게 되었다. 혹자는 울릉도를 죽도라 부르고, 또 다른 이는 송도라 부르게 된 이유다. 울릉도의 일본식 이름은 여러 차례 혼동을 겪었지만 달라지지 않은 것은 일본인들이 울릉도를 갖고 싶어 했다는 사실이다.

_ 일본인에게는 어업자들을 중심으로 울릉도는 자원이 풍부한 곳이라는 인식이 있었습니다. 그래서 그곳에 가서 장사를 하고 싶다는 마음이 있었다고 생각합니다. 에도에서 메이지로 시대가 바뀌었어도 울릉도가 상당히 자원이 풍부한 곳이라는 인식을 계속 갖고 있었기 때문에 무토 헤이가쿠가 새로 일을 하고 싶다고 건의서를 제출한 것으로 봅니다. 또 다른 한 가지 배경은

후쿠하라 유우지 시마네현립대학교 교수

에도에서 메이지 시대로 바뀌면서 무사 계급 사람들이 폐번치현(廃藩置県 : 1871년 메이지 정부가 전국의 봉토를 폐지하고 현을 설치한 행정 개혁. 이로부터 중앙 집권제 확립)으로 직장을 잃게 됩니다. 그로 인해 생활이 힘들어진 무사 계급 사람들이 어떻게 하면 돈을 벌 수 있을까 여러 가지 가능성을 찾아 다닙니다. 그러다가 자원이 풍부한 울릉도에 가면 돈을 벌 수 있다고 여겨 건의서, 혹은 도해 허가서를 제출한 것으로 생각합니다.

무토 헤이가쿠의 '송도개발건의서'를 먼저 살펴보기로 하자.

:: 국가가 강성해지는 일에 도움이 되는 일이라는 것을 알면서도 침묵하고 있는 것 역시 본의가 아니므로 별수 없이 저의 충심을 나타내 보이고자 하는데, 이는 우리나라 서북 지방에 있는 송도라는 한 섬에 대한 일입니다. 제가 2~3년 전부터 러시아령 블라디보스토크에 서너 차례 왕복하였는데 그때마다 매번 멀리서 보였습니다. 하나의 작은 섬이긴 하나 장차 황국에 도움이 될 만한 섬으로서 남쪽에 있는 오가사와라 섬보다도 한층 더 주의해야 할 땅이라는 생각이 문득 들었습니다. 그런데 집 한 채 없고 한 필지의 경작지도 없습니다. 자연히 외국인이 차지하게 될지도 모른다는 생각에 유감스러워 견딜 수 없습니다. (…중략…) 그 남쪽 해안은 산맥이 바다 쪽으로 향할수록 점차 낮아져서 평탄한 곳을 이루었으며 산꼭대기 조금 밑에서부터 폭이 수백 간이 되는 폭포가 떨어지므로 평지에 전답을 만들어 경작하기에 편합니다. 또 해변 여기저기에 작은 만이 있으므로 배를 댈 수 있습니다. 이에 더하여 그 섬은 소나무가 울창하여 늘 검푸른 것을 볼 수 있습니다. 광산도 있다고 합니다. (…중략…) 이미 조선과 조약을 맺은 이상에는 함경도 부근도 개항되어 서로 왕복

하게 될 터인데 그러면 송도는 필히 그 뱃길에 있어서 중요한 섬이 될 것입니다. _ 기타자와 세이세이, 『죽도고증』 하 별지 제8호 '송도개척지의'

무토 헤이가쿠는 건의서를 통해 송도를 언급하며 오가사와라보다 더 신경써야 할 섬이라고 주장하고 있다. 오가사와라 제도를 둘러싸고 영국과의 분쟁이 한창 진행 중일 때 그 못지않게 개척에 관심을 두어야 할 섬이라고 메이지 정부에 건의한 것이다. 그러면서 무토 헤이가쿠는 그 섬을 '무주지'라고 설명하며 장차 외국이 먼저 점령할까 염려된다고 말한다.

이 부분을 보면 송도가 지금의 독도는 아닐까 의심이 될 법도 하지만, 뒷부분에 섬에 대해 설명하는 내용을 보면 의문은 해소된다. 해변 여기저기에 배를 댈 만한 만이 있고, 경작이 가능한 평지가 있으며, 소나무가 울창한 섬이라는 것이다. 따라서 무토 헤이가쿠가 말한 송도는 분명 울릉도다.

그리고 무토 헤이가쿠는 울릉도가 경제적 이득을 가져다 줄 뿐 아니라 전략적으로도 중요한 위치에 있다는 점을 부각시키고 있다. 기억할 것은 울릉도를 개척해야 한다고 주장하는 이 근거들의 대부분이 몇 년 후 정확히 독도 편입 근거로 옮겨간다는 사실이다.

도다 다카요시의 '죽도도해청원서'

그렇다면 오가사와라가 공식적으로 편입된 이후에 제출된 도다 다카요시의 '죽도도해청원서'는 어떤 내용을 담고 있을까.

:: 불초 제가 어렸을 때, 오키국에서 약 70리 정도 떨어진 서북쪽의 바다에 황막한 불모의 고도孤島가 하나 있어 이를 죽도라고 부른다는 말을 들었습니다. (…중략…) 그 섬은 도쿠가와 막부가 집권할 당시에 특히 엄하게 도해를 금했던 섬이었기 때문에 그에 관한 문헌을 가지고 있는 자가 하나도 없었습니다. (…중략…) 작년 오가사와라 섬에 진사관鎭事官을 파견한다는 말을 듣자 매우 기뻐하며 축하했습니다. 정부가 개간사업에 매우 주의를 기울이고 있다는 것이 기뻤습니다. 그때 비록 대수롭지 않은 일이라 하더라도 국가의 이익이 되는 일을 나중으로 미루어서는 안 된다는 것을 깨달았습니다. (…중략…) 그러므로 이번에 그 섬으로 건너가 그 땅에 대해 직접 살펴보고, 그 후에 그 공적을 대대적으로 드러내어 국가 경영의 일단을 마련하자고 희망하고 있었습니다. 도해 면허를 허가해 주시기를 엎드려 바라는 바입니다. _ 기타자와 세이세이, 『죽도고증』 하 별지 제4호 '죽도도해청원서' ■

도다 다카요시도 마찬가지로 오가사와라의 편입을 기뻐하며 영토확장 정책의 시류를 타고 죽도를 도해할 기회를 얻고자 했다. 시마네현 출신인 그는 에도 막부 시절 도해가 금지되었다는 사실을 알고 있었다. 오가사와라 편입 과정을 지켜보며 어쩌면 죽도도해금지령을 없애고 다시 죽도(울릉도)를 활용할 수 있는 길이 열릴지도 모른다고 생각했을 것이다.

하지만 메이지 정부는 울릉도 개척 건의를 모두 기각했다. 조선의 영토임을 알고 있었기 때문이다.

츠카모토 다카시 도카이대학 교수

_ 무토 헤이가쿠라는 사람이 정부에 제출한 송도(마츠시마) 개발 건의서가 기각됩니다. 마츠시마는 울릉도를 가리키는 말로, 이런 개척 건의서를 제출한 사례가 많이 있습니다. 기록 중에 사이토라는 사람이 제출한 개발 건의서가 있었는데, 이에 대해 외무성의 타나베 공신국장은 "마츠시마는 조선의 울릉도이기에 일본에서 개발 허가를 해줄 권한이 없다"고 대답하고 기각하라는 지시를 내립니다.

:: 송도는 조선의 울릉도로, 우리나라 영역에 있는 섬이 아니다. 이미 그에 대한 서신을 조선 정부와 주고받은 것으로 알고 있다. 우리나라가 개간에 착수하는 것은 근본적으로 안 되는 일이라고 대답하여야 한다. _『죽도고증』 하 별지 제17호, 타나베 타이치

_ 메이지 정부가 거부를 했어요, 건의서를 반려했습니다. 그것은 조선의 영토였다는 것을 정확히 인식하고 불필요한 외교 마찰을 일으키지 말라는 자기들의 입장을 표명한 것입니다. '너희들 거기 가서 불필요한 외교 분쟁의 불씨를 만들지 말라'는 거죠. 송도가 한반도 영토라는 것을 알고 있기 때문에 도해 면허 허가를 안 내준 겁니다. 자기들 영토였다면 당연히 허가를 내주었겠죠. 그것은 굉장히 중요한 사건입니다. 스스로 자기들이 입증해 준 겁니다. _ 주강현 교수

일본인들의 불법 채취와 목재 벌목 극성

이 무렵 일본인들이 또다시 불법적으로 울릉도에 드나들기 시작했다. 전복 등의 수산자원 채취도 여전했지만 울릉도의 나무들을

울릉도의 삼나무

무차별 벌목해서 목재를 실어 나르기 시작한 것이다. 조선 어민들의 출입도 여전했다. 조선에서는 백성들이 먼 섬에 살지 못하도록 하는 쇄환정책이 실시 중이었고, 일본에서도 죽도도해금지령 이후 울릉도 출입이 금지된 상태였다.

그런데도 17세기와 마찬가지로 울릉도에는 사람들의 발길이 끊이지 않았던 것이다.

_ 메이지 유신 뒤 10년 지나고 20년쯤 지나자 일본 어장이 조금씩 고갈되기 시작했습니다. 선진 어법이 도입되면서 평소 잡던 것보다 어획량이 많이 줄어들었죠. 그러자 일본은 새로운 어장을 개척하기 시작합니다. 통어장정通漁章程 같은 것도 이 무렵 만들어지게 된 거죠. 거기에 뭐라고 써 있느냐면 "한국 바다는 물 반, 고기 반"이라고 써 있었습니다. 게다가 그 무렵 일본 내 고기 값이 아주 비싸졌습니다. 경제적 형편이 나아지면서

그들은 경제적 이득을 얻기 위해 목숨 걸고 바다를 건넜던 겁니다. 일본 정부가 가라고 지시했던 게 아니에요. _ 주강현 교수

1881년, 수토사의 보고를 통해 일본인들의 울릉도 출입과 벌목 문제가 공식적으로 드러났다. 고종 18년 5월 22일 실록의 기록이다.

:: 통리기무아문統理機務衙門* 에서 아뢰기를,
"방금 강원감사 임한수의 장계를 보니, '울릉도 수토관의 보고를 하나하나 들면서 아뢰기를, 「간심看審할 때에 어떤 사람이 나무를 찍어 해안에 쌓고 있었는데, 머리를 깎고 검은 옷을 입은 사람 7명이 그 곁에 앉아 있기에 글을 써서 물어 보니, 대답하기를, 『일본 사람인데 나무를 찍어 원산과 부산으로 보내려고 한다』고 하였습니다.」라고 하였습니다. 일본 선박의 왕래가 근래에 빈번하여 이 섬에 눈독을 들이고 있으니 폐단이 없을 수 없습니다. 청컨대 통리기무아문으로 하여금 품처稟處하게 하소서'라고 하였습니다.
봉산封山은 원래 중요한 곳이니 수토하는 것도 정식定式이 있습니다. 그런데 저 사람들이 암암리에 나무를 찍어서 남몰래 실어가는 것은 변금邊禁에 관계되므로 엄격하게 막지 않고 말아서는 안 됩니다. 이 사실을 가지고 서계로 작성하여 동래부東萊府 왜관倭館에 내려보내어 일본 외무성에 전달하게 할 것입니다.
그러나 생각건대 이 섬은 망망한 바다 가운데 있으니 그대로 텅 비워 두는 것은 대단히 허술한 일입니다. 그 형세

* 1880년 12월 21일 변화하는 국내외 정세에 대응하기 위해 국내외의 군국기무를 총괄하는 업무를 관장하던 관청(출처 : 『한국민족문화대백과』, 한국학중앙연구원).

가 요해지로서 어떠한지 방수防守를 빈틈없이 하는 것은 어떠한지 종합적으로 두루 살펴서 처리해야 할 것입니다. 부호군 이규원을 울릉도 검찰사로 차하差下하여 그로 하여금 가까운 시일에 빨리 가서 철저히 헤아려 보고 의견을 갖추어 수계修啓하여 아뢰고 복계覆啓하도록 하는 것이 어떻겠습니까?" ⌟

수토사가 울릉도에 갔다가 일본인 일곱 명을 만났다. 그런데 처음 있는 일이 아닌 듯하다. 강원감사 임한수는 일본 선박이 울릉도에 자주 드나들며 눈독을 들이고 있으니 문제가 생기기 전에 조치를 취해 줄 것을 조정에 요청했다.

통리기무아문에서는 두 가지 해결책을 제시한다. 첫 번째는 일본 측에 공식 항의 서한을 보내는 것이고, 두 번째는 이규원을 울릉도 검찰사로 파견하여 울릉도의 실상을 파악하고 보다 근본적인 대책을 세우자는 것이었다. 이듬해 4월 7일 검찰사로 임명된 이규원이 울릉도로 떠날 때가 되자, 고종은 그를 직접 만나 울릉도와 그 주변 섬들을 상세히 살펴볼 것을 당부한다.

:: 검찰사 이규원李奎遠을 소견召見하였다. 사폐辭陛를 하였기 때문이다. 하교하기를, "울릉도에는 근래에 와서 다른 나라 사람들이 아무 때나 왕래하면서 제멋대로 편리를 도모하는 폐단이 있다고 한다. 그리고 송죽도松竹島와 우산도芋山島는 울릉도의 곁에 있는데 서로 떨어져 있는 거리가 얼마나 되는지, 또 무슨 물건이 나는지 자세히 알 수 없다. 이번에 그대가 가게 된 것은 특별히 가려 차임差任한 것이니 각별히 검찰하라. 그리고 앞으로 읍邑을 세울 생각이니, 반드시 지도와 함께 별단別單에 자세히 적어

보고하라." 하니, 이규원이 아뢰기를, "우산도는 바로 울릉도이며 우산이란 바로 옛날의 우산국의 국도國都 이름입니다. 송죽도는 하나의 작은 섬인데 울릉도와 떨어진 거리는 30리쯤 됩니다. 여기서 나는 물건은 단향檀香과 간죽簡竹이라고 합니다." 하였다. 하교하기를, "우산도라고도 하고 송죽도라고도 하는데 다 『동국여지승람』에 실려 있다. 그리고 또 혹은 송도·죽도라고도 하는데 우산도와 함께 이 세 섬을 통칭 울릉도라고 하였다. 그 형세에 대하여 함께 알아보라. 울릉도는 본래 삼척 영장과 월송 만호가 돌려가면서 수검搜檢하던 곳인데 거의 다 소홀히 함을 면하지 못하였다. 그저 외부만 살펴보고 돌아왔기 때문에 이런 폐단이 있었다. 그대는 반드시 상세히 살펴보라." 하니, 이규원이 아뢰기를, "삼가 깊이 들어가서 검찰하겠습니다. 어떤 사람들은 송도와 죽도는 울릉도의 동쪽에 있다고 하지만 이것은 송죽도 밖에 따로 송도와 죽도가 있는 것은 아닙니다." 하였다. ┛

위 내용으로 보아 고종은 울릉도에 일본인들이 함부로 드나드는 것을 매우 심각한 사태라고 판단한 듯하다. 그러나 19세기 조선 조정이 가지고 있는 울릉도와 그 주변 섬들에 대한 정보는 매우 빈약하했다. 위의 대화에서도 고종은 울릉도 근처에 우산도(독도)라는 섬이 정말로 있는지 궁금해했다.

그러나 이규원은 울릉도의 옛 이름이 우산국이었다는 점을 들어 우산도는 울릉도의 또 다른 이름일 뿐이라고 단정한다. 일본과 마찬가지로 조선에서도 오랜 정보 단절로 인해 명칭에 혼란이 생긴 것이다. 아마도 울릉도 쟁계 이후 100년이 넘도록 일본인들의 출입이 없었기 때문에 울릉도에 대한 관심이나 침탈에 대한 경

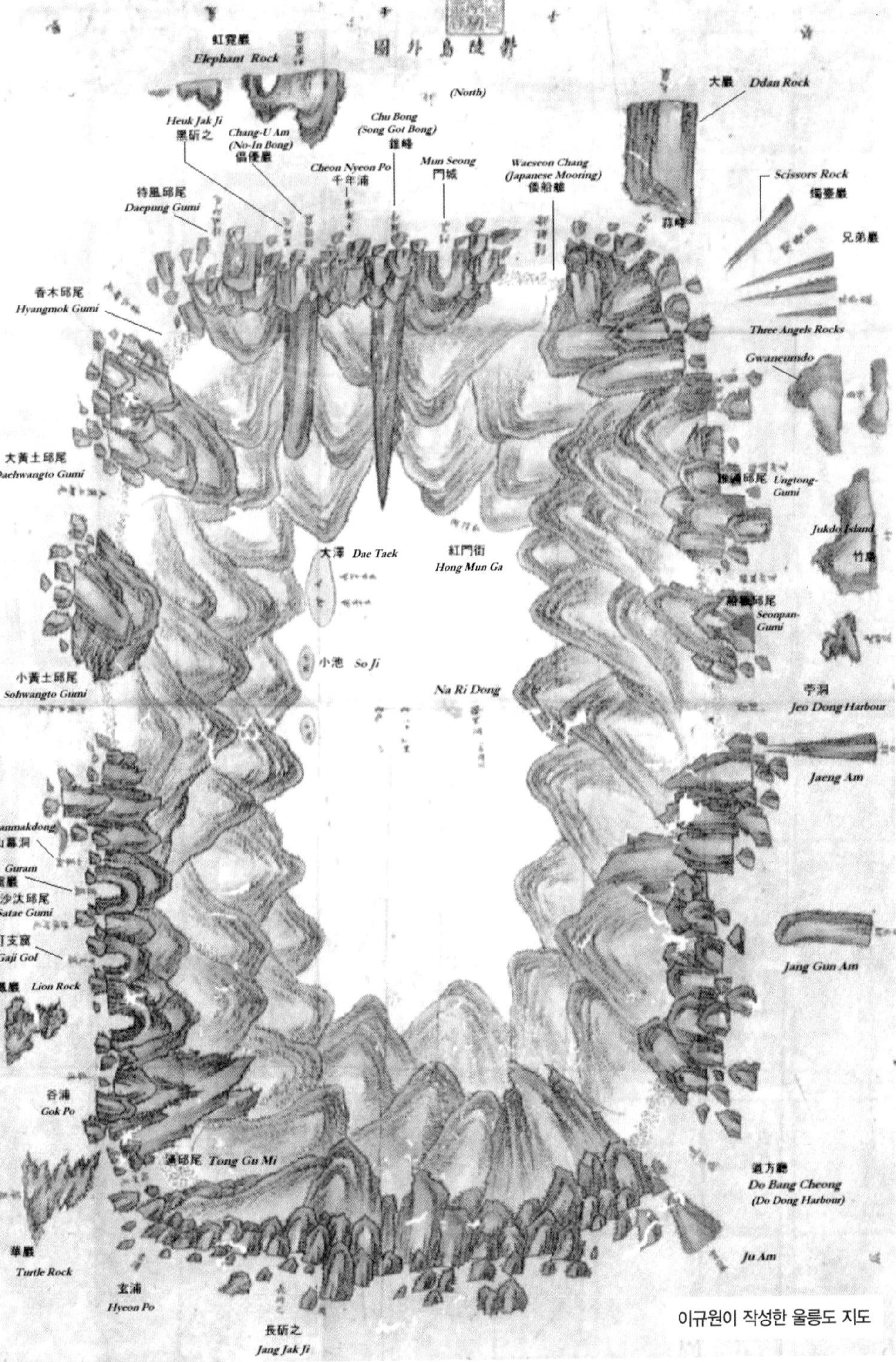

이규원이 작성한 울릉도 지도

계심이 느슨해진 탓일 것이다. 고종이 지적한 바와 같이 17세기에 시작된 수토 역시 일본인들이 출입을 엄금한 후에는 형식에 그치는 경우가 있었다. 수토관으로 임명된 관료들 중에는 험난한 바닷길에 나서는 것을 피해 도망하거나 거짓을 고하는 자도 있었다고 한다.

대한제국 칙령 제41호, "울릉도와 부속 섬은 우리 영토"

1881년 수토관의 보고를 바탕으로 일본인들의 불법 출입과 벌목이 심각한 수준이라고 생각한 고종은 쇄환정책을 중지하고 울릉도에 읍을 설치해 개척하는 방향으로 정책의 가닥을 잡아 나갔다.

이규원은 4월 10일 서울을 출발해 27일 구산포에 도착한다. 그리고 대풍헌에서 순풍을 기다렸다가 이틀 뒤인 29일, 100여 명의 일행이 세 척의 배에 나눠 타고 울릉도로 떠난다. 후에 이규원은 서울~울릉도 왕복 경로와 고종에게 보고했던 울릉도 검찰 내용을 일기 형식으로 남겼다.

이규원의 검찰일기를 보면 당시 조정의 눈을 피해 울릉도에 숨어 살던 조선인이 141명이었고, 일본인도 무려 78명이나 머물고 있었다. 일본인들은 모두 벌목을 하고 있었는데, 이규원이 필담을 나눈 이들 중에는 울릉도가 일본 땅이라고 알고 있는 자도 있었다.

이규원과 필담을 나눈 일본인들은 '도해금지령'이 내려져 있다는 사실은 물론이고 자신들이 타국의 영토를 침범해 불법적인 벌목을 하고 있다는 사실도 인지하지 못하고 있었다. 이규원은 또 이와사키라는 자가 새긴 '일본국의 송도'라는 푯말을 발견하기도 했는데, 이는 일본 사람들이 '죽도'라고 불렀던 울릉도의 명칭이 메이지 시대에 와서 독도의 일본식 이름인 '송도'로 바뀌어 불리기도 한 사실을 확인시켜 준다.

이규원의 보고서를 받아 본 뒤 고종이 가장 궁금해한 것은 울릉도 개척이 가능한지 여부였다. 백성들이 살기에 척박한 곳은 아닌 지, 고을을 설치할 만한 곳이 있는지, 또 어떤 자원들이 나는지를 꼼꼼하게 물어 본 후, 울릉도를 개척한다면 이주하겠다는 백성들은 있는지 여론까지도 궁금해한다. 오래도록 쇄환정책을 실시해 온 땅인 데다 일본인들이 눈독을 들이고 있다 하니 마음이 조급해지기도 했을 것이다. 검찰사 이규원을 만난 날의 실록을 통해 당시 고종의 고민을 엿볼 수 있다.

:: "일본인이 푯말을 박아 놓고 송도라 한다는데, 그들에게 말을 하지 않을 수 없다." 하니, 이규원이 아뢰기를, "그들이 세워놓은 푯말에는 송도라고 하였습니다. 송도라 한 데 대해서는 이전부터 서로 말이 있었습니다. 그러니 일차로 하나부사 요시타다에게 공문을 보내지 않을 수 없으며 또한 일본 외무성에 편지를 보내지 않을 수 없습니다." 하니, 하교하기를, "이 내용을 총리대신과 시임 재상들에게 이야기하여 주어라. 지금 보니 한시라도 등한히 내버려둘 수 없고 한 조각의 땅이라도 버릴 수 없다." 하니, 이규원이 아뢰기를, "이 전교를 일일이 총리대신과 시임대신들에게 알려주겠습니다. 설사 한 치의 땅이라도 그것은 바로 조종의 강토인데 어떻게 등한히 내버려둘 수 있겠습니까?" 하였다. 하교하기를, "비단 저들에게 통지할 뿐만 아니라 개척하는 일도 속히 하는 것이 좋겠다." _ 고종 19년 6월 5일

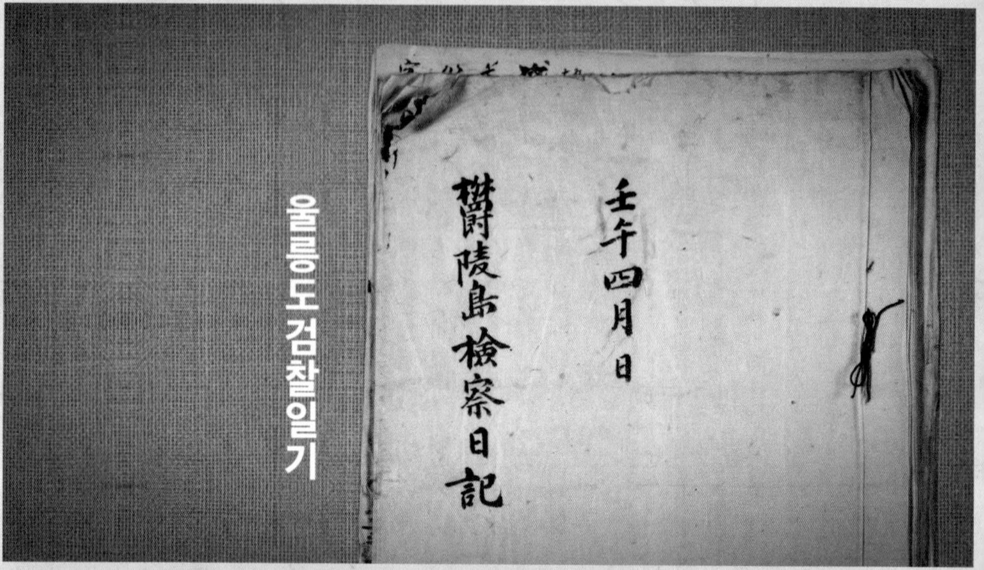
울릉도 검찰일기
壬午四月日
鬱陵島檢察日記

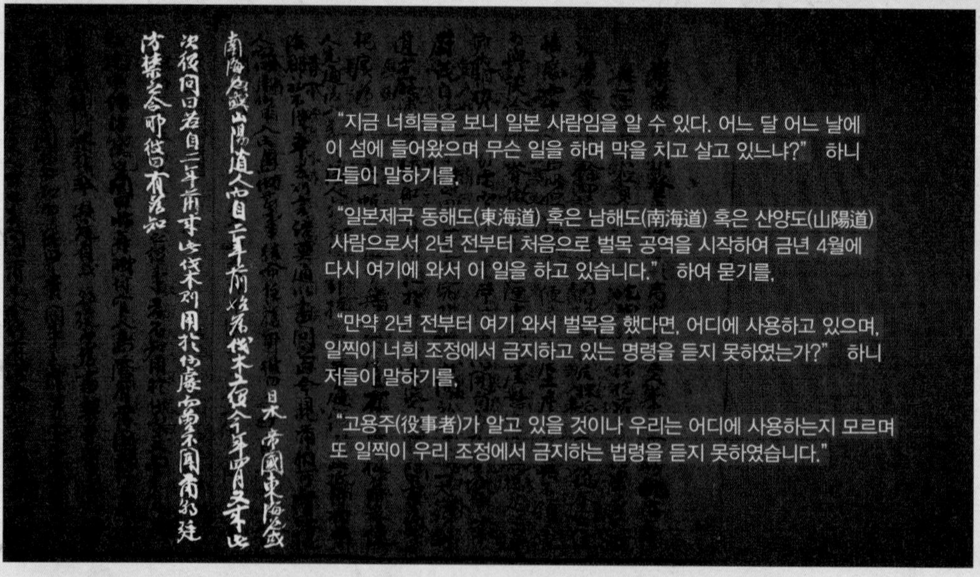
"지금 너희들을 보니 일본 사람임을 알 수 있다. 어느 달 어느 날에 이 섬에 들어왔으며 무슨 일을 하며 막을 치고 살고 있느냐?" 하니 그들이 말하기를,
"일본제국 동해도(東海道) 혹은 남해도(南海道) 혹은 산양도(山陽道) 사람으로서 2년 전부터 처음으로 벌목 공역을 시작하여 금년 4월에 다시 여기에 와서 이 일을 하고 있습니다." 하여 묻기를,
"만약 2년 전부터 여기 와서 벌목을 했다면, 어디에 사용하고 있으며, 일찍이 너희 조정에서 금지하고 있는 명령을 듣지 못하였는가?" 하니 저들이 말하기를,
"고용주(役事者)가 알고 있을 것이나 우리는 어디에 사용하는지 모르며 또 일찍이 우리 조정에서 금지하는 법령을 듣지 못하였습니다."

+

『울릉도 검찰일기』 중 일본인들과 나눈 필담 기록

5월 5일 도동에서 일본인을 만나 필담을 나누다

+

해안가에 왜인들의 판막板幕이 있었으므로 먼저 사람을 시켜 통고한 후에 막으로 들어가니 왜인 67명이 문을 나서 영접하였습니다. 그런데 동래 통역관을 미처 평해군에 대령시키지 못해 당초에 데리고 오지 못했으므로 언어가 통하지 않아 글을 써서 물었습니다.

"지금 너희들을 보니 일본 사람임을 알 수 있다. 어느 달 어느 날에 이 섬에 들어왔으며 무슨 일을 하며 막을 치고 살고 있느냐?" 하니 그들이 말하기를, "일본제국 동해도東海道 혹은 남해도南海道 혹은 산양도山陽道 사람으로서 2년 전부터 처음으로 벌목 공역을 시작하여 금년 4월에 다시 여기에 와서 이 일을 하고 있습니다." 하여 묻기를,

"만약 2년 전부터 여기 와서 벌목을 했다면, 어디에 사용하고 있으며, 일찍이 너희 조정에서 금지하고 있는 명령을 듣지 못하였는가?" 하니 저들이 말하기를, "고용주役事者가 알고 있을 것이나 우리는 어디에 사용하는지 모르며, 또 일찍이 우리 조정에서 금지하는 법령을 듣지 못하였습니다." 하여 묻기를,

"작년에 수토관搜討官이 이 섬에 들어왔을 적에 너희 나라 사람들이 벌목하고 있다는 실정을 들은 후에 그 사유를 우리 조정에 보고하고, 우리 조정에서는 곧 서계를 만들어 너희 나라 외무성에 보냈는데 어찌 듣지 못했고 알지 못한다고 할 수 있느냐?" 하니 저들이 말하기를, "귀국의 자세한 일은 저희들이 일찍이 듣지 못하였으니, 남포 규곡南浦 槻谷에 머물러 있는 사람이 있으니 사람을 시켜 불러 보십시오."

(…중략…)

"강토에는 저절로 정해진 경계가 있는데 너희가 다른 나라에 와서 마음대로 벌목을 하고 있는 것은 무슨 도리냐?" 하니 저들이 말하기를, "저희는 다른 나라 강토가 되는 것을 듣지 못했지만 그러나 이 고용주는 알고 있을 것입니다."

_ 신용하 편저, 『독도연구총서 7 : 독도영유권 자료의 탐구 3권』, 독도연구보전협회, 2000, 21~46쪽의 번역본을 인용하여 동북아역사재단 홍성근 소장이 『독도시민활동백서』에 정리, 설명한 내용을 재인용.

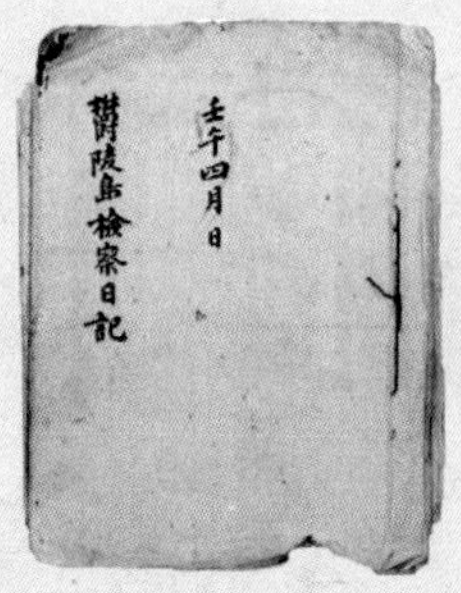

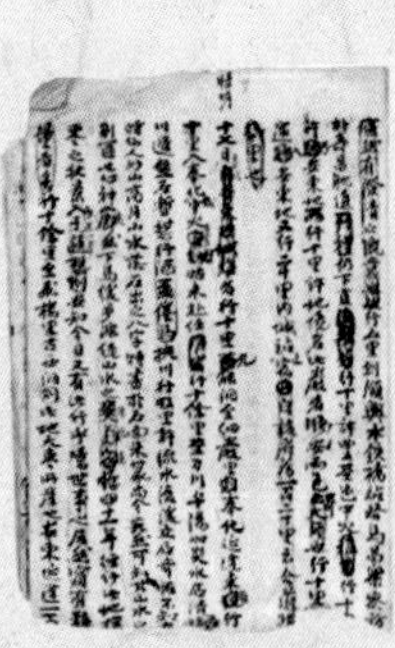

울릉도 전경

_ 1882년에 이규원 검찰사를 보내서 울릉도 개척을 합니다. 그런데 그 이후에도 일본 사람들이 울릉도에 왔다가 나가지를 않습니다. 그게 외교적인 문제가 되자, 일시적으로 나갔다가 다시 울릉도에 가까운 오키 섬 지역의 사람들이 들어옵니다. 그것이 1890년대에 크게 문제가 되자, 당시 울릉도의 도감 배계주가 정부에 요구합니다. 도대체 일본 사람들 때문에 못 살겠다, 이런 취지의 이야기를 한 거지요. 그러자 내부에서 이걸 가만 두면 안 된다, 조사를 해야겠다는 생각을 하게 되어 조사단을 직접 파견하게 됩니다. _홍성근 소장

일본인의 울릉도 불법체류가 늘어만 가자, 급기야 이들을 관리한다는 명목 아래 일본 경찰이 울릉도에 주둔하기에 이른다. 일본인들의 자원 수탈과 조선인들의 피해가 갈수록 심각해지자, 참다못한 도감 배계주가 중앙정부에 진정을 냈다.

이에 고종은 시찰단을 파견해 진상을 조사하게 한다. 시찰단은

일본이 불법적으로 섬에 들어와서 밀수·밀매를 하는가 하면 부녀자를 폭행·희롱하고 시비를 일으키는 등 여러 가지 악행을 저지르는 것을 목격하게 된다.

이 같은 일을 더 이상 두고 볼 수 없었던 고종은 1900년 10월 25일 마침내 '대한제국 칙령 제41호'를 반포한다. 먼저 고종은 울릉도를 군으로 격상시키고 울도군수의 관할을 울릉 전도와 죽도, 그리고 석도라고 지정하였다.

_ 여기서 울릉 전도란 울릉도의 본섬을 말하고 죽도는 울릉도에서 제일 가까운 섬인 대섬을 말하며. 석도는 독도를 이야기하는 것입니다. 그러니까 울릉도와 독도가 대한제국 영토다, 일본의 울릉도 입도는 불법적이고 자원 수탈은 불법적이라는 것을 확인하는 조치라고 할 수 있습니다.

_ 홍성근 소장

고종은 대한제국 칙령 제41호를 통해 울릉도와 그 부속 섬이 대한제국의 영토임을 다시 한 번 일본과 주변 국가들에 공표한 것이다.

+

19세기 울릉도 모습

19세기 울릉도에 주둔한 일본 경찰들

+

19세기 말 일본인들의 울릉도 불법 출입이 갈수록 심해졌다. 불법적인 벌목과 어업, 밀수와 밀매, 부녀자 희롱과 폭행 등 조선이 힘을 잃어 갈수록 일본인들의 횡포는 심해져 갔다. 이윽고 불법체류하고 있는 일본인들을 관리한다는 명목 아래 일본 경찰이 울릉도에 주둔하기에 이른다.

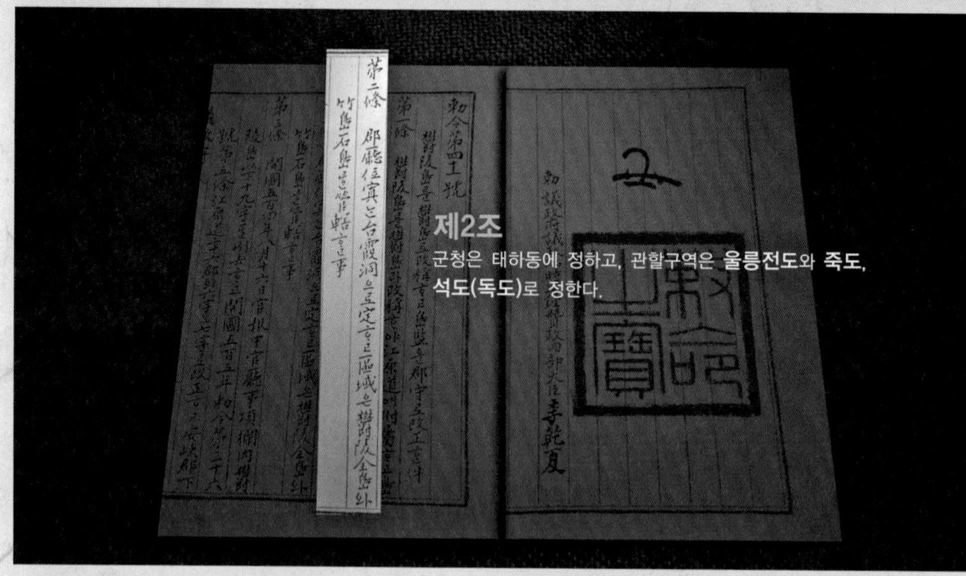

+

울릉도와 독도가 우리 영토라고 공표한 '대한제국 칙령 41호'

'독도의 날' 10월 25일은 대한제국 칙령 제41호 기념일

+

비록 일본과 주변 강대국들의 틈바구니에서 휘둘리고 있었지만 대한제국을 선포하고 나라를 이끌어가기 위해 힘썼던 고종은 울릉도에서 행해지고 있는 일본의 만행을 더 이상 두고 볼 수 없었다. 1900년 10월 25일, 고종은 대한제국 칙령 제41호를 통해 울릉도와 그 부속섬인 독도가 대한제국의 영토임을 다시 한 번 일본국과 주변국에 공표한다. 2010년에 제정된 '독도의 날' 10월 25일은 바로 고종의 영토 수호 의지가 담긴 대한제국 칙령 제41호를 기념하는 날이기도 하다.

욕망의 변주

—

일본, 울릉도에서 독도로 눈을 돌리다

지금까지 살펴보았듯이 17세기 울릉도 쟁계에서부터 대한제국 칙령 제41호가 반포된 19세기 말까지 일본의 관심은 줄곧 울릉도를 향해 있었다. 지금과 달리 독도는 관심 밖의 섬이었던 것이다.

그렇다면 일본은 언제부터, 무슨 이유로 울릉도를 포기하고 독도에 관심을 갖게 된 것일까.

_ 울릉도는 자원 관점에서 보더라도 중요했습니다. 특히 울릉도를 빼놓고 독도에 가는 것은 이익이 없었습니다. 그렇다고 생각한다면 일본 측에서 보더라도, 한국 측에서 보더라도 현재의 울릉도는 중요했지만 마츠시마, 즉 독도는 중요하지 않았다고 이야기하는 것이 맞다고 생각합니다.
_ 츠카모토 다카시 교수

_ 일단은 일본이 울릉도에 관심을 가졌습니다. 그래서 울릉도에 불법적

으로 입도하고 자원을 수탈하였지요. 그러나 1900년 대한제국 칙령 제41호를 통해서 울릉도가 한국 영토라는 것을 분명히 확인하고 울릉도를 도저히 침탈할 수 없다는 인식을 갖게 됩니다. 그래서 울릉도에서 떨어져 있는 독도에 관심을 갖게 된 거지요. 그렇게 된 몇 가지 이유를 들 수 있는데, 우선은 나카이 요사부로라는 사람이 돈을 벌기 위해 강치 산업을 하고자 하는 의도가 있었습니다. _ 홍성근 소장

독도 강치에 꿈틀거리기 시작한 일본의 욕망

1900년대 일본의 새로운 욕망은 오키 섬에서 시작된다. 울릉도를 드나들던 오키 섬 어부들이 독도에서 엄청난 수의 강치를 발견한 것이다. 독도에서 잡아온 강치는 기름이나 가죽 수요가 많아 뜻밖에 큰돈이 되었다. 오키 섬에서는 너도 나도 독도로 강치잡이를 나섰다. 그 가운데 '나카이 요사부로中井養三'가 있었다.

나카이 요사부로는 잠수기를 이용해 전복·물고기·물개 등을 잡는 수산업자였다. 한반도 연안과 러시아 등지에서 사업을 벌여

독도에서 잡은 강치는 기름이나 가죽 수요가 많아 큰돈이 되었다.

나카이 요사부로가 제출한 '량코도(독도) 편입 및 차용 청원'

+

1904년 나카이 요사부로는 독도 강치잡이를 독점할 목적으로 '량코도(독도) 편입 및 차용 청원서'를 일본 정부에 제출한다. 내무성은 량코도(독도)가 조선의 영토였음을 상기하며 건의서를 기각했다. 그러나 외무성의 생각은 달랐다. 제국주의 침탈을 본격화하기 시작한 일본에게 독도는 더할 나위 없는 군사적 요충지였다. 경제적 목적과 군사적 목적이 부합하는 지점에 독도가 있었던 것이다. 외무성은 나카이 요사부로의 청원을 적극 지원하기 시작했다.

왔던 나카이 요사부로는 독도의 강치 값이 치솟자, 독도를 아예 독점 어장으로 만들기로 마음먹는다. 1904년 나카이 요사부로는 독도 편입 및 차용 청원을 내무성에 제출한다.

요사부로는 량코도, 즉 독도를 오키 섬에서 조선의 함경도에 속한 울릉도로 가는 길에 있는 섬이라고 소개하며 1903년부터 이곳에 어업장을 세우기 위해 투자를 결심했다고 설명하고 있다. 또한 강치 산업이 얼마나 전망이 좋은 사업인지를 설명하며 하루빨리 이 섬을 일본의 영토로 편입할 것을 청원하고 있다.

:: 강치 가죽은 소금에 절인 후 소가죽 대신으로 쓸 수 있고, 여러 용도로 사용할 수가 있습니다. 강치 기름은 품질과 가격 면에서 고래 기름과 비슷한데 기름을 짜고 난 찌꺼기는 아교로 쓸 수 있고, 고기는 가루로 만들어서 뼈와 함께 섞어서 비료로 쓸 수가 있습니다. 이것으로 보아 강치 사냥은 좋은 사업이지만 이 섬에는 강치 사냥 외에는 사업이 될 것이 없습니다. 연구해 보지는 않았기 때문에 그 지역에서 어업을 확신할 수는 없지만, 일본해의 중간에 있기 때문에 그 섬 주위에는 여러 가지 고기가 있을 것이라고 생각합니다. 만약 강치 사냥이 계속되고, 연구를 할 수 있다면, 장래 새로운 사업을 벌일 수도 있다고 생각합니다. 간단히 말하자면, 어떤 사람이 충분한 자본과 장비를 가지고 강치 사냥을 시작한다면, 이 섬의 경영은 매우 전망이 밝을 것입니다. 그러나 이 섬의 소유권이 결정되지 않고 있습니다. (…중략…) 따라서 이 섬에서 사업을 안전하게 하고, 섬의 경영을 위해서 속히 이 섬을 일본 땅으로 편입시켜 주시고, 10년 간 이 섬을 저에게 임대하여 주시기를 바랍니다. ⌟

그러나 일본 내무성은 이 청원서를 반려했다. 이유는 1876년과 1877년에 제출된 '죽도도해청원서'와 '송도개발건의서'를 기각한 이유와 같은 것이었다. 조선의 땅이라고 생각했기 때문이다. 내무성 당국자는 나카이 요사부로에게 "한국의 영토로 의심이 가는 황막한 일개 불모의 암초를 얻음으로써 두루 지켜보는 여러 외국에 일본이 한국 병탄의 야심이 있다는 의혹을 갖게 하는 것은 이익이 극히 적음에 반해 사태는 결코 용이하지가 않"[•]다고 말하며 포기시키려 했다.

하지만 막대한 이익을 가져다줄 게 분명한 독도 강치 사업 독점을 쉽게 포기할 수 없었던 나카이 요사부로는 외무성을 찾아갔다. 그리고 뜻밖에도 야마자 정무국장으로부터 희망적인 이야기를 듣는다. 그곳이 군사적으로도 매우 중요한 위치에 있으니 영토 편입을 서두르는 게 좋겠다는 것이었다.

군사적 요충지로서의 독도 가치에 주목하기 시작한 일본

야마자는 대외 강경책을 주장하는 인물로, 일본의 아시아 진출 정책에 적극적인 인물이었다. 또 영국과 일본이 동맹을 맺는 데 관여했으며, 러시아와의 전쟁에서 외교의 중심 역할을 맡고 있던 자였다. 당시 일본은 러시아 함대의 남하를 막는 것이 중요한 문제였으므로 이를 위한 전략적 기지를 설치할 필요가 있었다. 나카이 요사부로의 독도 편입 청원은 절묘한 타이밍에 야마자의 눈에 띄었던 것이다.

앞서 살펴본 무토 헤이가쿠의 '송도개척지의'를 기억하는

• 강준식, 『독도의 진실』, 145쪽. 나카이 요사부로 '사업경영개요'(1953) 부분 재인용.

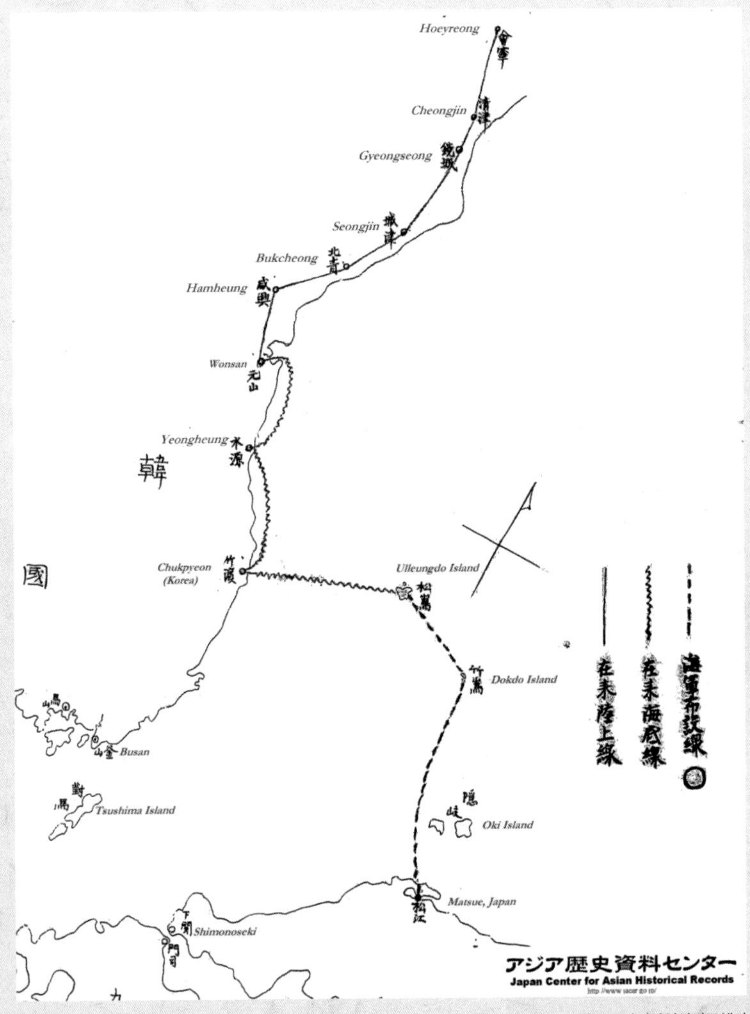

자료 : 아시아역사자료센터

+

군사적 요충지로서의 독도를 보여주는 지도

가? 무토 헤이가쿠는 송도를 무주지라 간주하고 막대한 이익을 얻을 수 있는 곳이라 밝히며, 무엇보다 군사적 요충지에 위치한 섬이라는 이유로 울릉도를 개척할 것을 건의했다. 나카이 요사부로와 야마자 국장은 무토 헤이가쿠가 울릉도를 바라본 시선 그대로 독도를 바라본 것이다.

일본이 본격적으로 독도에 눈을 돌리게 된 것은 바로 군사 전략적 필요성 때문이었다. 제국주의 침탈을 본격화하며 러시아와의 전쟁을 시작한 일본에게 독도는 더할 나위 없는 군사적 요충지였다. 1904년 일본의 입장에서 경제적 목적과 군사적 목적이 부합하는 지점에 독도가 있었던 것이다.

_ 동해상 한복판에 화룡점정으로, 바둑으로 치면 가운데 화점이 있어요. 딱 가운데에. 참 이상한 거예요. 그 옆 다른 이북 쪽에 붙어 있는 큰 섬이 몇 개 있는 것도 아니고, 아주 묘하게 딱 하나 있는 거예요. 대단한 겁니다. 제주도도 똑같습니다. 그러니까 제주도로부터 울릉도 찍고 블라디보스토크 가는 통로에 있는 대단한 군사 전략적 요충지입니다. 그렇기 때문에 이 섬들은 늘 군사 전략적으로 이용될 수밖에 없었지요. 지금이야 GPS로 가기 때문에 등대가 없어도 갈 수 있습니다. 그러나 당시엔 모든 항로의 기본은 등대 불빛이었습니다. 그래서 그들이 제주도 우도에 등대 만들고, 부산 쪽 가덕도에 등대 만들고, 또 계속 따라가면서 포항에 등대 만들고, 구룡포에 등대를 만든 겁니다. 울릉도에 등대 박고, 원산항에 등대 박고 등대 라인을 그었다는 것은 제국주의 바다, 식민주의 바다의 불빛을 안내하는 제국의 등대를 건설하는 방법입니다. _ 주강현 교수

1905년 일본, 시마네현에 독도 편입하기로 결정

1905년 1월 28일 일본 정부는 나카이 요사부로가 량코도(독도)의 편입 및 임대 청원을 제출한 지 4개월여 만에 독도를 시마네현에 편입하기로 결정한다. 일본은 영토 편입의 법적 근거를 마련하기 위해 "오키 섬에서 서북쪽으로 85해리에 있는 이 무인도는 다른 나라가 이를 점유했다고 인정할 형적이 없다"는 말로 독도를 주인이 없는 무주지라고 선언했다. 거기에 나카이 요사부로가 독도에서 행한 강치잡이를 영토 점령의 근거로 삼았다.

그런데 독도 편입을 위해서는 서양인들이 붙인 '리앙쿠르Liancourt(량코도)'라는 이름 대신 새로운 이름이 필요했다. 여기에는 두 가지 이유가 있다고 추정할 수 있다.

하나는 그야말로 독도의 이름을 잊어버렸기 때문이다. 아니, 독도에 대한 인식 자체를 잃어버렸기 때문이다. 19세기 중반까지 일본은 울릉도와 독도를 죽도와 송도, 즉 '다케시마'와 '마츠시마'라고 불렀다. 그러나 시볼트의 지도 이후 울릉도의 이름에도 혼동이 생겼을 뿐 아니라 독도 역시 '마츠시마'라는 본래의 이름을 잃고 프랑스 포경선이 붙인 '리앙쿠르 암'으로 알려지고 있었다. 그러니까 1904년에 일본은 독도를 서양식 이름인 량코도로만 인지하고 있었던 것이다.

또 다른 이유는 '량코도'가 조선의 울릉도에 속한 땅이라는 사실을 알았기 때문일 수도 있다. 실제 내무성은 나카이 요사부로의 청원서를 바로 그런 이유에서 기각하려 했다는 것을 기억할 필요가 있다. 일본의 입장에서는 독도를 편입하려면 독도가 '무주지'라

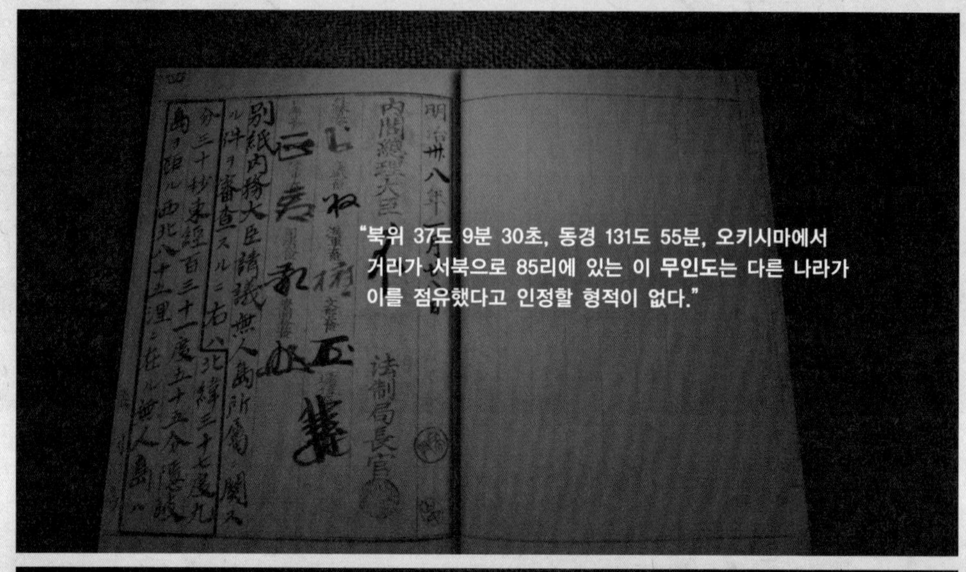

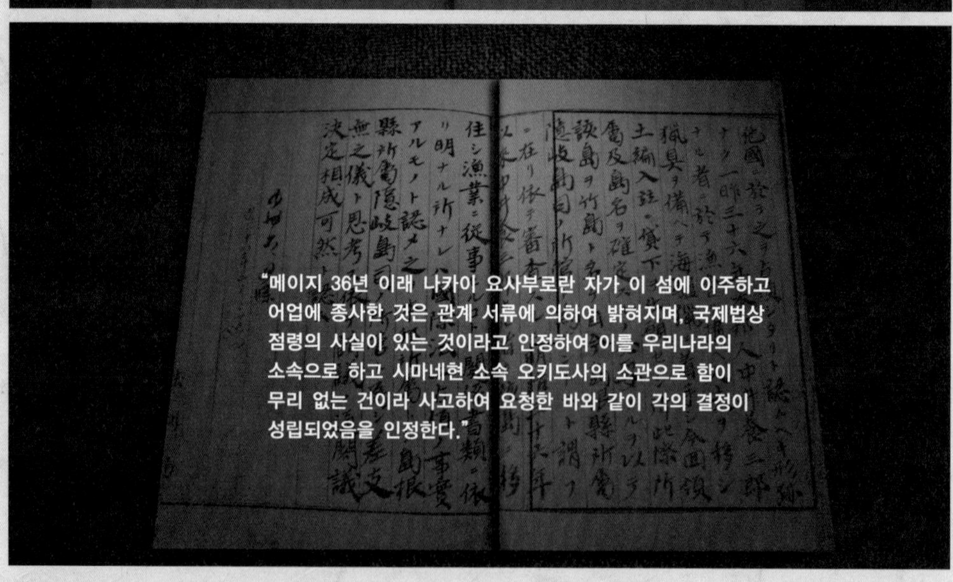

+

나카이 요사부로의 독도 편입 및 임대 청원에 대한 시마네현의 편입 각의 결정

시마네현의 독도 편입 각의 결정과 시마네현 고시 제40호

+

"이 무인도는 다른 나라가 이를 점유했다고 인정할 형적이 없다." 1905년 1월 28일 일본 정부는 독도의 역사적 권원을 무시한 채 독도를 무주지로 간주했다. 그리고 나카이 요사부로가 강치잡이를 하며 독도에 머물렀다는 것을 점령의 근거로 내세워 독도 편입을 의결한다. 1905년 2월 22일 일본 정부는 시마네현 고시 제40호를 통해 독도를 시마네현에 강제 편입했다.

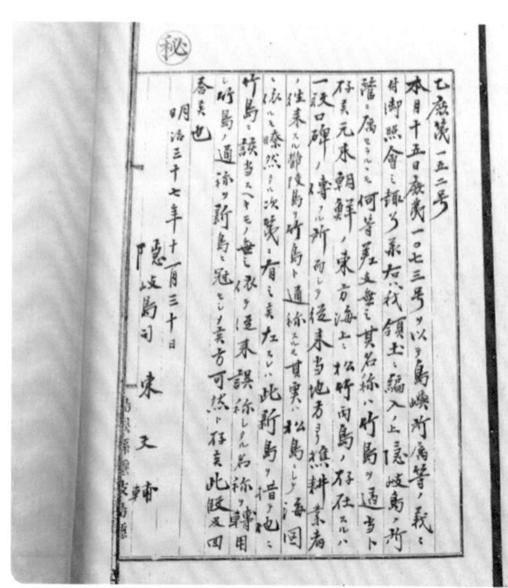

오키 도사의 죽도 이름 결정문 표지와 내용

는 전제가 필요했다. 그러기 위해서는 독도의 역사를 지우고 새로운 이름을 입혀야 했다. 죽도와 송도, 다시 말해 송죽 개념으로 두 섬이 연결되는 이름을 가져서는 안 되는 것이었다.

일본이 독도 편입을 결정한 이상 독도를 울릉도에서 떼어내는 것이 가장 중요한 일임을 알았을 것이다. 그래서 '조선의 울릉도, 무주지인 량코도'라는 출발점을 설정하고 량코도의 새로운 이름을 지으려고 한 것이다.

'마츠시마'였던 독도는 어떻게 '다케시마'로 바뀌었는가

일본 정부는 량코도(독도)에 자국민이 가장 많이 출입했던 오키 섬에 이름을 문의했다. 오키 섬의 도사는 "역사적 사실에 비추어 볼 때 죽도(다케시마)라고 부르는 것이 옳다"고 대답한다. 역사적 사실에 비추어 보자면 독도를 송도, 즉 마츠시마라 부르는 것이 옳았지만 오키 도사의 잘못된 대답은 독도의 옛 이름에 대한 정보가 없었던 시마네현과 일본 정부에 그대로 받아들여졌다. 아니, 어쩌면 이미 독도뿐 아니라 한반도 전체를 침탈할 계획을 세우고 있었던 일본 정부에게 독도의 이름은 중요하지 않았을지도 모른다. 오키 도사는 아마도 역사적 사실을 단순히 '혼동'했기 때문에 독도의 이름을 다케시마로 해야 한다고 말했을 것이다.

하지만 그 이면에는 정말로 갖고 싶었던 땅, 자원이 풍부했던 땅, 17세기부터 일본이 그토록 갖고 싶어했던 이름 '다케시마(울릉도)'에 대한 열망이 투영돼 있었던 건지도 모른다. 어쨌든 이런 과정을 거쳐 독도는 울릉도의 옛 이름인 '다케시마'로 사마네현 오키 섬에 강제 편입되었다.

그러나 이미 일본의 내정간섭을 받고 있던 대한제국은 비밀리에 진행한 일본의 독도 편입 사실을 알 수조차 없었다. 일본은 그들의 계획대로 독도에 망루를 설치했다. 기나긴 일제강점기 역사의 시작이었다.

일본이 러일전쟁 중에 어떤 목적으로 독도를 강제 편입했고, 어떻게 활용했는지, 또 이를 빌미로 독도의 영유권을 주장하는 일본의 행동이 왜 이토록 우리의 분노를 살 수밖에 없는지, 일본의 독도 도발에 강경하고 단호하게 대응해 나가야 하는 이유가 무엇인지에 대한 설명은 2006년 고故 노무현 대통령이 발표한 한·일 관계 특별담화문의 일부로 대신한다.

:: 존경하는 국민 여러분, 독도는 우리 땅입니다. 그냥 우리 땅이 아니라 특별한 역사적 의미를 가진 우리 땅입니다. 독도는 일본의 한반도 침탈 과정에서 가장 먼저 병탄된 역사의 땅입니다. 일본이 러일전쟁 중에 전쟁 수행을 목적으로 편입하고 점령했던 땅입니다. 러일전쟁은 제국주의 일본이 한국에 대한 지배권을 확보하기 위해 일으킨 한반도 침략 전쟁입니다. 일본은 러일전쟁을 빌미로 우리 땅에 군대를 상륙시켜 한반도를 점령했습니다. 군대를 동원하여 궁을 포위하고 황실과 정부를 협박하여 한일의정서를 강제로 체결하고, 토지와 한국민을 마음대로 징발하고 군사시설을 설치했습니다. 우리 국토에서 일방적으로 군정을 실시하고, 나중에는 재정권과 외교권마저 박탈하여 우리의 주권을 유린했습니다. 일본은 이런 와중에 독도를 자국 영토로 편입하고, 망루와 전선을 가설하여 전쟁에 이용했던 것입니다. 그리고 한반도에 대한 군사적 점령 상태를 계속하면서 국권을 박탈하고 식민지 지배권을 확보하였습니다.

지금 일본이 독도에 대한 권리를 주장하는 것은 제국주의 침략전쟁에 의한 점령지 권리, 나아가서는 과거 식민지 영토권을 주장하는 것입니다. 이것은 한국의 완전한 해방과 독립을 부정하는 행위입니다. 또한 과거 일본이 저지른 침략전쟁과 학살, 40년간에 걸친 수탈과 고문·투옥, 강제징용, 심지어 위안부까지 동원했던 그 범죄의 역사에 대한 정당성을 주장하는 행위입니다. 우리는 결코 이를 용납할 수 없습니다. 우리 국민에게 독도는 완전한 주권 회복의 상징입니다. ▟

독도가 한국 땅이었다는 증거

—

독도는 무주지였을까?

2차 세계대전이 끝난 후 일본은 독도를 포함한 모든 영토를 한국에 반환했다. 그러나 얼마 지나지 않아 일본은 다시금 독도가 무주지였으며 1905년 시마네현의 편입은 합법적이었다고 주장하기 시작했다. 이것이 바로 오늘날까지 일본이 내세우고 있는 독도 도발의 근거이다.

_ 그 당시에 울릉도가 한국의 영토라는 것은 틀림없지만, 그때부터 독도가 한국의 영토였는지 아닌지에 대해서는 구체적인 증거가 있는지 의심하고 있습니다. _ 츠카모토 다카시 교수

"시마네현 편입 이전까지 독도는 결코 일본 땅이 아니었다. 그러나 한국 땅이었다는 근거 역시 없다. 무주지였던 섬을 우리가

국제법에 근거해 편입한 것은 아무런 문제가 되지 않는다. 그러니 독도가 무주지가 아니라 한국 땅이었다는 근거를 대라"는 것이 일본의 주장이다.

어렵지 않다. 우리는 지금부터 독도가 무주지가 아니라 언제나 울릉도와 함께 관리, 활용되어 온 한반도의 영토라는 것을 보여주는 증거들을 하나하나 살펴보려 한다.

그러기 위해서 우선 최초의 한·일 영유권 분쟁이었던 17세기 울릉도 쟁계로 다시 거슬러 올라가 이야기해 보기로 하자.

증거 1

다시 보는 울릉도 쟁계

1696년 5월, 안용복은 다시 한 번 일본으로 향한다. 울릉도 쟁계의 한가운데 있었던 안용복은 울릉도를 침탈하려는 쓰시마 번주의 계략을 잘 알고 있었고, 쓰시마에서 자신을 죄인 취급하며 강제로 억류하고 심문했던 것에 단단히 화가 난 상태였다. 이미 에도 막부가 죽도도해금지령을 내린 후였지만 도해금지 봉서가 돗토리번에 전달된 것은 그해 8월이었고, 조선에는 그다음 해에야 전달되었다.

그러니 당연히 안용복이 그 사실을 알 리 없었다. 조선 땅에 함부로 들어와 고기잡이하는 것도 모자라 오히려 자신을 일본 영토에 침입한 죄인으로 만들고자 했던 일본인들을 혼쭐 내주고 싶기

도 했을 것이다. 그는 작전을 세웠다. 무관 복장인 철릭을 구해 입고 배에는 '조울양도감세장朝鬱兩島監稅將'이라는 깃발을 내걸었다. 조울양도란 조선의 울릉도와 독도 두 섬을 뜻하는 것이었고, 감세장이란 이 두 섬에서 세금을 거두는 관리라는 뜻이었다. 안용복은 관리를 사칭해 울릉도에 들어온 일본인들에게 이곳이 조선의 땅임을 확실하게 주지시켜 줄 계획이었다. 작전은 성공이었다.

_ 안용복이 2차 도일 때 일본 어부들에게 호통을 치면서 "울릉도가 조선 땅인데 왜 너희들이 와서 고기를 잡느냐" 했더니 일본 어부들이 독도로 도망을 갔어요. 안용복이 다시 쫓아오니까 그때 일본 어부들이 "여긴 일본 땅이다"라고 했지요. 그러자 안용복이 "여기도 조선 땅이다. 니들이 왜 조선 땅에 와 있느냐" 하니까 일본 어부들이 다시 오키 섬 쪽으로 도망을 갔다는 내용이 실록에 나와 있습니다. _ 손승철 교수

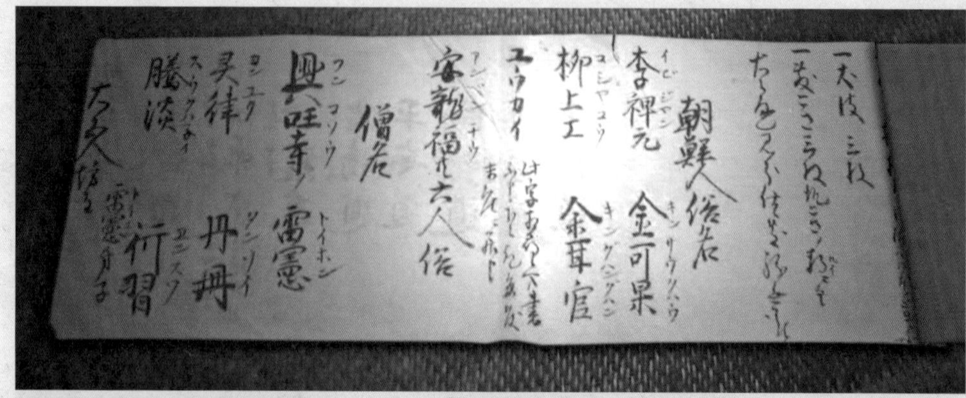

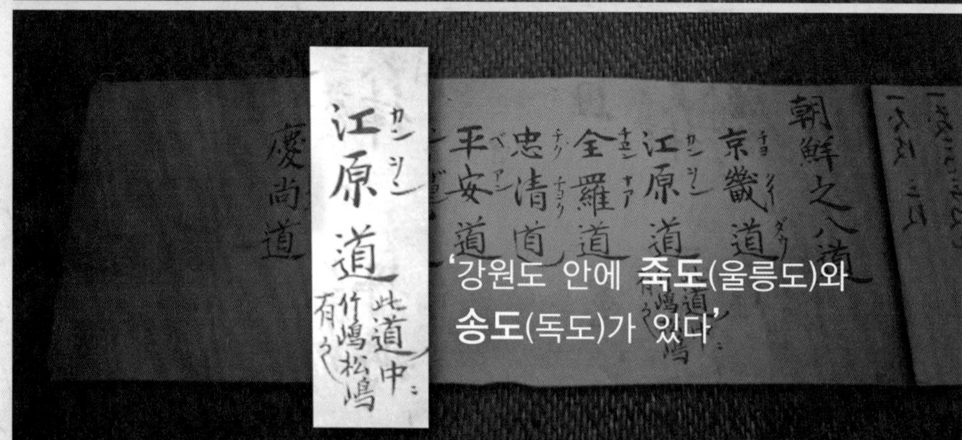

안용복이 오키 섬 관리에게 울릉도와 독도에 대해 설명한 「조선주착안 일권지각서」의 내용과 문자 지도

\+

1696년 5월, 안용복은 다시 한 번 울릉도로 향한다. 그리고 울릉도에 있던 일본 어부들을 호통치며 뒤쫓아 일본으로 건너간다. 그때 안용복은 조선 팔도 지도를 가지고 가서 울릉도와 독도가 모두 조선의 영토임을 밝힌다. 일본 측 자료인 「일권지각서」에는 안용복 일행의 명단과 함께 조선 팔도를 표시한 문자 지도가 남아 있는데, 울릉도와 독도가 모두 강원도의 소속으로 분명하게 기록돼 있다.

_ 1696년 안용복은 울릉도와 독도를 우리나라 땅으로 인식하고 있었습니다. 그는 일본 어부들을 쫓아서 일본으로 건너갈 때 조선 팔도 지도를 가지고 갑니다. _ 김호동 교수

당시 안용복을 심문했던 일본 측 자료인「일권지각서」에는 안용복 일행의 명단과 함께 조선 팔도를 표시한 문자 지도가 남아 있는데, 울릉도와 독도가 모두 강원도 소속으로 분명하게 기록돼 있다.

:: 안용복이 말하기를, 죽도를 다케시마라고 하는데, 조선국 강원도 동래부 안에 울릉도라는 섬이 있고, 이것을 죽도라고 합니다. 곧 팔도八道 지도에 적혀 있고 그것을 가지고 있습니다.

安龍福が申すには、竹島を竹の島と申し,朝鮮國江原道東莱府の内ニ欝陵島と申す島御座候。是を竹の島と申由申候。

송도는 강원도 안에 자산이라는 섬이 있는데, 이것을 마츠시마라고 합니다. 이것도 팔도 지도에 적혀 있습니다.

則八道の図に記之所持仕候。松島は同道の内子山と申す島御座候。是を松島と申由、是も八道の図に記し申候) ▟

안용복은 처음 일본에 납치되어 갔을 때도 "울릉도는 본래 조선 땅"이라고 밝힌 바 있다. 그리고 두 번째 일본을 찾았을 때는 지도까지 첨부하여 울릉도와 자산(우산)도, 즉 독도까지도 강원도에 속한 섬이라는 것을 분명히 밝히고 일본 측의 기록에 남겼다. 그러니까 17세기의 독도가 무주지가 아니었다는 첫 번째 증거는 어민 안용복이 남겨놓은 것이다.

_ 우리 역사에서 많은 영웅이 나타났다가 사라졌습니다. 저는 안용복이야말로 민족의 영웅이라고 생각합니다. 왜 영웅이냐면 영토주권을 지키는 데 결정적 근거를 남겼기 때문입니다. 안용복은 일개 어민에 불과했지만 사실 울릉도가 당시 조선의 영토라는 것을 확실히 알고 있었고, 또 그에 딸린 부속도서인 독도도 우리 영토라는 것을 인식하고 있었습니다. 뿐만 아니라 인식하는 데서 그치지 않고 일본에 가서 일종의 외교 투쟁을 전개해 모종의 확답을 받아 왔습니다. 이런 모든 사실이 『조선왕조실록』을 비롯해 『승정원일기』나 일본 측 사서에도 정확하게 기록으로 남았습니다. 쟁계를 통해서 울릉도와 그 부속도서인 독도가 우리 조선의 영토였다는 근거를 남긴 중요한 일을 한 것입니다. 그런 점에서 저는 안용복이야말로 우리의 해양주권을 지킨 민족의 영웅이라고 생각합니다. _

주강현 교수

울릉도 쟁계 안에는 안용복이 남긴 기록들 말고도 독도의 소속을 밝히는 또 하나의 중요한 증거가 있다. 수토사 장한상의 『울릉도 사적』이다. 앞서 말했듯이 장한상은 독도를 최초로 목측하고 기

자산도子山島와 우산도于山島

안용복이 독도를 자산도라고 말한 것은 '于'를 '子'로 잘못 표기했기 때문이다. 역사적 기록에서도 우산도를 자산도라 표기한 것은 안용복의 도일 사건을 기록한 『숙종실록』과 일본의 1797년판 『이나바지因幡志』 원문이 전부이다. 이마저도 1893년에 발행된 『이나바지 2』에서는 '우산도'로 바르게 표기하고 있으며, 『숙종실록』을 제외한 조선시대 다른 문서에서도 모두 안용복이 우산도라 말했다고 적혀 있다.

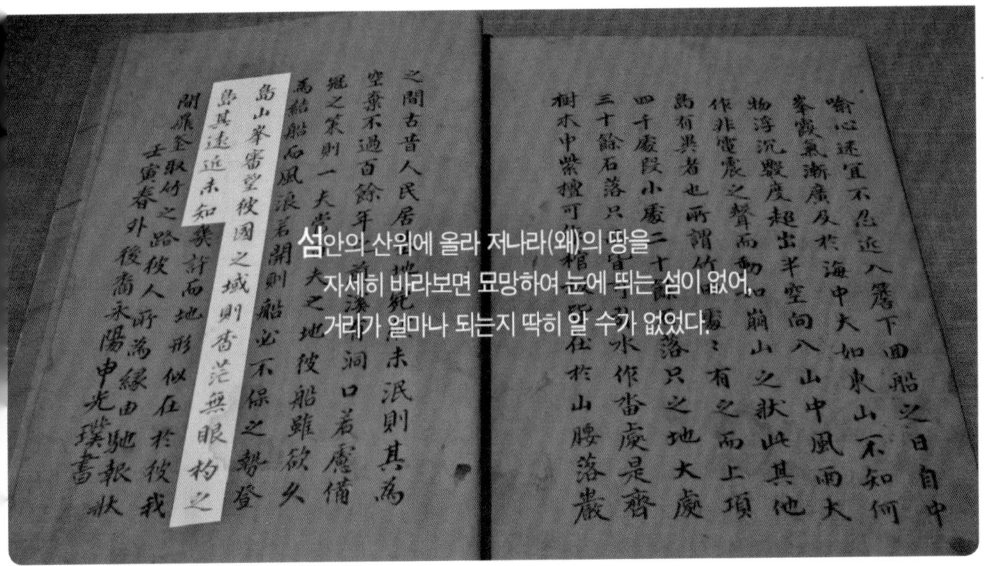

『울릉도 사적』에 적힌 왜와의 거리에 대한 기록

록으로 남긴 관리이다. 그런데 장한상이 이보다 더 중요한 내용을 『울릉도 사적』에 남겼다. 조선과 일본의 경계를 구분지어 설명해 놓은 것이다.

_ 『울릉도 사적』이라는 장한상의 수토 기록이 있습니다. 거기에 독도에 관한 분명한 언급이 있습니다. 저 동남쪽에 섬 하나가 희미하게 보이는데 울릉도의 3분의 1 정도 크기이고 대략 300해리가 떨어져 있다, 이렇게 표현하고 있습니다. 독도를 분명 울릉도의 해역으로 생각하고 있는 거지요. 그다음 구절을 보면 "섬의 봉우리에 올라가서 저 나라 강역을 살펴보니 아득하게 보일 뿐 섬이 전혀 보이지 않고 거리가 얼마가 되는지 딱히 알 수가 없었다"라고 되어 있습니다. 그러니까 일본 쪽 강역에는 섬이 없고, 조선 쪽 강역에는 동남쪽에 섬이 희미하게 보인다, 이렇게 분명히 구별해서 인식하고 있었습니다. _ 손승철 교수

이처럼 17세기 조선에서는 백성들도, 관리들도 독도가 우리 영토라는 것을 분명히 인식하고 이를 기록해 두기까지 했다. 그렇다면 일본은 어땠을까?

울릉도 쟁계 당시 교섭을 진행한 것은 쓰시마번이었다. 에도 막부는 교섭이 원활하지 않다는 쓰시마의 보고를 받은 뒤 직접 돗토리번에 질의서를 보내 조사를 실시한다.

– 1695년 말쯤 에도 막부는 당시 돗토리번에 질의서를 보내 조사를 합니다. 죽도는 어떤 나라의 땅인가, 묻지요. 거기에 대해서 돗토리 번주는

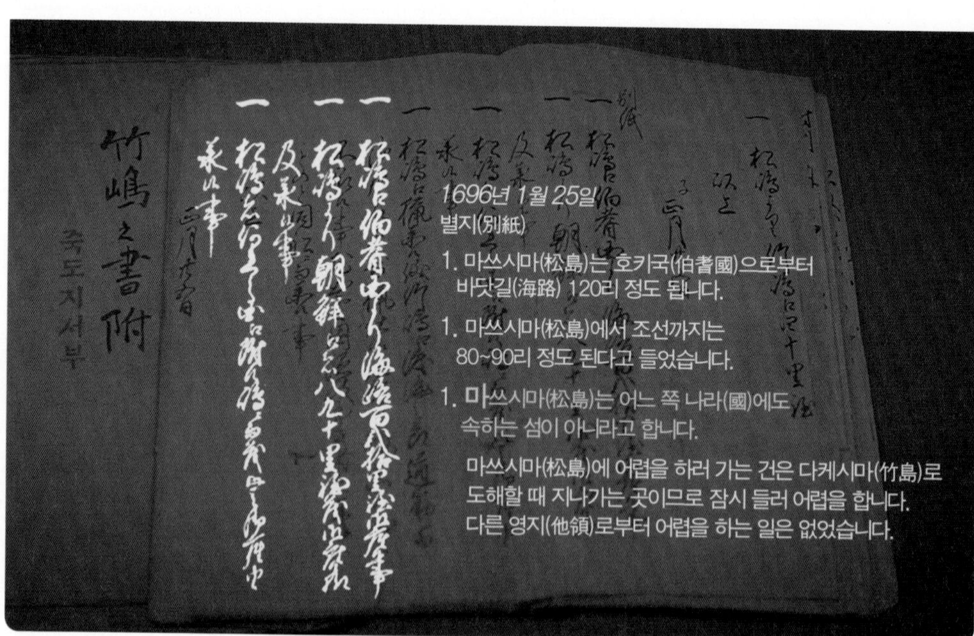

울릉도와 독도가 일본 땅이 아니라고 인정한 '돗토리번의 답변서'

"죽도, 바로 울릉도는 우리 것이 아닙니다"라고 솔직하게 얘기합니다. 에도 막부는 더 조사를 합니다. 사실 에도 막부는 그때까지 독도라는 섬에 대해서 몰랐습니다. 그래서 "죽도, 즉 울릉도처럼 당신들이 왔다 갔다 하는 섬이 따로 있냐"고 확인했을 때 돗토리 영주는 "송도, 바로 독도라는 섬이 있습니다. 그러나 이 송도는 울릉도에 가기 위해서 도중에 들러 가끔 낚시나 하고 울릉도로 가는 기항지로만 이용할 뿐이지 돗토리번 것이 아닙니다"라고 솔직히 말합니다. 그리고 거기에 덧붙여서 "일본의 어떤 지방도 울릉도뿐만 아니라 송도, 즉 독도를 소유하고 있지 않습니다. 일본 것이 아닙니다"라고 강조했지요. _ 호사카 유지 교수

돗토리번이 막부에 제출한 답변서에는 독도에 대한 상세한 설명과 함께 일본의 어떤 지방도 울릉도와 독도를 소유하고 있지 않다는 사실이 분명하게 밝혀져 있다.

그렇다면 울릉도 쟁계를 일으킨 장본인인 오야 가문의 사람들은 독도를 어떻게 인식하고 있었을까. 이들이 울릉도와 독도를 오가며 기록한 문서에는 독도의 소속을 확인할 수 있는 단서가 남아 있지 않을까.

증거 2 죽도지내송도

우리는 오야 가문의 기록을 찾기 위해 일본 국립국회도서관, 요나고 산음역사관, 시마네현 도서관의 자료를 검색했다. 천혜의 어장이자, 목재의 보고인 울릉도를 독차지하고 싶어 했던 오야 가문의 기록 중에 반드시 울릉도와 독도, 이 두 섬의 관계를 정의한 내용이 있을 것이라는 확신 때문이었다.

그리고 마침내 시마네현 도서관에 소장 중인 오야 가문 고문서 중에 울릉도와 독도가 함께 기록된 문장을 찾았다. 오야 가문의 울릉도 도해 일지에서는 일관되게 울릉도를 기준으로 독도를 설명하

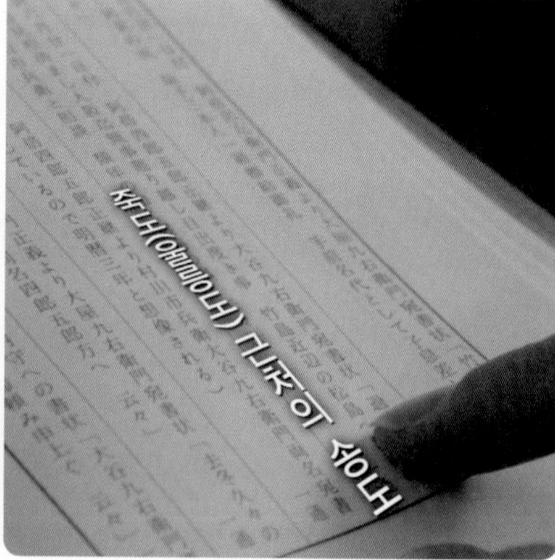

오야 가문의 고문서 중 울릉도와 독도 관련 내용이 적힌 부분. 독도를 울릉도의 부속도서로 표현하고 있다.

고 있다. 이 기록들로 유추해 볼 때, 17세기 오야 가문의 인식 속에서도 독도는 울릉도로 가는 항로상에 위치한 작은 섬 정도였다고 볼 수 있다.

그리고 얼마 후 보다 결정적인 오야 가문의 기록을 찾아냈다. 1660년 9월 5일의 기록이다.

:: 오야 규에몽 님에게 드리는 편지
내년부터 죽도 안의 송도에 귀하의 배가 건너간다는 취지는 선년에 시로고로가 노중 님에게 허락을 받았습니다. 도해의 순서를 정하여 이치베에 님이 귀하에게 증문을 건네주었기 때문에 무라카와 님과 상담하여 그 증문대로 해야 합니다. 이치베에 님도 귀하도 그 증문대로 조금도 어김이 없으리라 생각합니다.

_ 가메야마 쇼자에몽

이 기록을 보면 울릉도를 기준으로 독도의 위치를 설명하는 것에서 나아가 정확히 '죽도지내송도竹島之内松島'라고 써 있다. 바로 '죽도(울릉도) 안의 송도(독도)'란 뜻이다. 일본인 역시 울릉도와 독도를 한 세트로 보고 독도를 '울릉도 안의 독도', '울릉도의 부속도서'로 표현하고 있었음을 알 수 있다.

_ 오키 섬에서 독도까지는 160킬로미터이고, 독도에서 울릉도까지는 87킬로미터입니다. 멀리 잡아도 90킬로미터이죠. 그러니까 일본 측 기록을 보면 일본 사람들이 오키 섬에서 독도로 건너가는 데 2일 하룻밤, 즉 1박2일이 걸리고, 다시 송도에서 죽도로 가는 데 하루가 걸린다고 했거든요. 그 이야기는 오키 섬에서 옛날에 14미터 정도 되는 배, 즉 10~15

1660년 9월 5일

오야 규에몽(大屋九右衛門) 님에게 드리는 편지

내년부터 죽도 안의 송도(竹嶋之內松嶋)에 귀하의 배가 건너간다는 취지는 선년(先年)에 시로고로가 로쥬님에게 허락(內意)을 받았습니다.

도해의 순서(番年)를 정하여 이치베에(市兵衛)님이 귀하에게 증문(證文)을 건네주었기 때문에 무라카와(村川)님과 상담하여 그 증문대로 해야 할 겁니다. 이치베에님도 귀하도 그 증문대로 조금도 어김이 없으리라 생각합니다

가메야마 쇼자에몽(龜山庄左衛門)

待又来年より竹嶋之内松嶋へ貴様舟御渡之筈ニ御座候旨先年四郎五郎御老中様へ得御内意申候　渡海之番年
相定市兵衛殿貴様へ証文相渡し致候間村川殿と御相談候而其証文次第ニ可被成候　市兵衛殿も貴様も其証文之通
少しも御違背者有之間敷儀と存候　貴顔後音之時候　恐惶謹言

죽도 안의 송도(죽도지내송도)

+

17세기 울릉도에서 조업을 했던 오야 가문과 무라카와 가문이 주고받은 서신 가운데에는 그들이 울릉도 독도의 관계를 어떻게 인식하고 있었는지 보여주는 문구가 남아 있다. '죽도지내송도' – 죽도 안에 있는 송도 즉 '울릉도에 부속된 독도'라는 뜻이다. 이는 17세기에 울릉도를 드나들던 일본인들 역시 독도를 울릉도의 부속도서로 인식하고 있었다는 뜻이며, 독도가 무주지가 아니라 조선의 영토였다는 사실을 뒷받침해 준다.

인승 배로 독도로 건너가서 – 건너가는 게 아니고 일직선상에 있기 때문에 울릉도를 향해서 가다가 독도가 보이면 '아, 거의 3분의 2는 왔구나' 그러고 '하루를 더 가면 울릉도에 갈 수 있구나' 식으로 파악을 했던 거죠. 그때 오야 무라카와가 울릉도로 가면서 송도, 즉 독도에 대해 죽도지내송도. 혹은 죽도의 근방 혹은 죽도 부근의 송도. 이런 표현을 쓴 겁니다. 다시 말해서 송도, 즉 독도를 울릉도의 부속섬, 한 세트로 파악했던 것이죠. _ 송휘영 교수

_ 에도 막부는 '울릉도 속에 있는 독도', 당시 일본말로는 '죽도 안에 있는 독도'라든가, '죽도 바로 옆에 있는 송도' 이런 문구들이 문서에서 상당히 많이 발견되는 것을 보고 '송도, 즉 독도는 울릉도에 속하는 섬이다' 라는 결론을 내립니다. 그래서 울릉도 도해를 금지하기만 하면 이 문제는 끝난다고 생각한 것입니다. _ 호사카 유지 교수

오야 가문의 기록을 보더라도, 당시 일본인들은 독도는 울릉도에 가기 위해 거쳐가는 섬, 울릉도 기항의 표식이 되는 섬. 바로 울릉도의 권역 안에 속하는 작은 섬으로 인식하고 있었다. 또 울릉도 쟁계 당시 에도 막부는 독도가 울릉도에 속한 섬이라고 판단했다. 그러니 에도 막부의 죽도도해금지령에는 울릉도와 독도가 모두 포함되어 있다고 봐야 할 것이다.

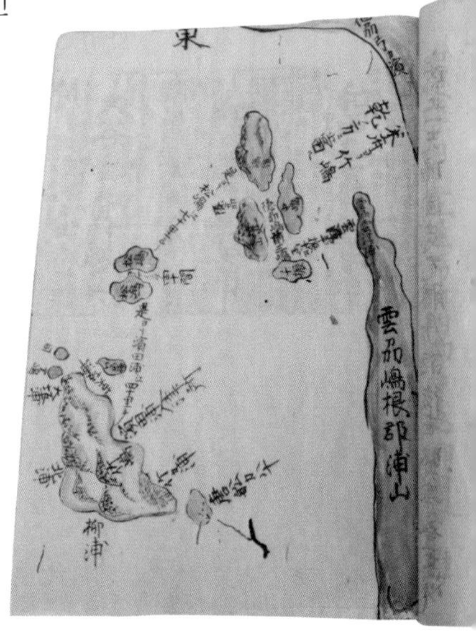

오야 가문의 기록에 남아 있는 고지도

하지만 지금의 일본은 다른 주장을 펼친다. '울릉도는 울릉도 쟁계를 통해 한국의

영토임을 인정한다. 하지만 독도는 별개의 문제이며, 일본인은 독도만을 목표로 하여 도해하였다'는 것이다.

> _ 17세기 당시 송도, 즉 독도 자체는 경제적 가치가 거의 없던 섬이었습니다. 그렇기 때문에 독도만을 단독으로 도해할 이유가 전혀 없었던 거죠. 일본이 송도만을 목표로 해서 도해를 했다고 주장하는 경우가 더러 있는데, 그것은 전혀 근거가 없는 이야기입니다. _ 송휘영 교수

아쉽게도 한국 측의 울릉도 쟁계 관련 기록은 물론이고 일본 측의 '죽도(다케시마)일건'에도 독도(일본명 송도) 영유권에 관한 구체적인 기록은 남아 있지 않다. 당시 독도는 한·일 양국의 외교 기록에 들어갈 만큼 중요시되지 않았기 때문이라고 추측해 볼 수 있다.

그렇지만 분명한 것은 울릉도 영유권 분쟁의 당사자이자, 일본 측 원고라고 볼 수 있는 오야 가문은 '죽도지내송도'라는 표현으로 명확하게 독도의 소속을 기록했다는 것이다. 또한 조선의 울릉도 영유권을 인정하고 죽도도해금지령이 발표되자, 울릉도 도해란 목표가 사라짐으로써 독도 역시 포기했다고 보는 것이 옳을 것이다.

울릉도뿐 아니라 독도 역시 울릉도 쟁계의 효력 속에 포함된다고 주장하는 우리와 달리, 일본은 죽도도해금지령은 울릉도에 대한 이야기일 뿐 독도는 도해를 금지한 적이 없다고 주장해 왔다. 그런데 최근 일본의 이러한 주장을 뒤집는 또 하나의 중요한 기록이 발견되었다. 국사편찬위원회에 보관돼 있던 대마도 종가 고문서들 사이에서 동북아역사재단 이훈 박사가 찾아낸 기록이다.

대마도 종가 고문서 no.4013

증거 3

_ 대마도 종가 문서는 말 그대로 대마도(쓰시마)의 도주인 종씨 집안이 도쿠가와 막부 시대에 쓰시마번으로서 번정을 시행하는 과정에서 만들어진 문서입니다. 문서 수량으로 보면 8만 점가량 되는데 한국의 국사편찬위원회와 일본의 7곳에 분산 소장되어 있습니다. 문서의 성격으로 보면 근세 일본 지방의 행정 문서라고 할 수 있지요. 이 문서가 우리에게 의미가 있는 것은 근대 이전의 조선과 일본의 통교 시스템과 관련이 있기 때문입니다. 근대 이전에는 일본 쪽 사정으로 인해 조선과 일본의 중앙정부가 직접 통교하지 못하고 쓰시마번이 막부로부터 조선에 대한 외교권을 위임받아서 조선과 간접적으로 통교를 했습니다. 그래서 조선과의 외교 창구 역할을 했던 쓰시마번 문서 안에 조선과의 외교나 무역에 관한 문서들이 많이 들어 있습니다. _ 이훈 박사

울릉도와 독도의 소속을 알 수 있는 대마도 종가 고문서

8만 점가량 되는 조·일 외교 문서 가운데 우리에게 중요한 것은 '대마도 종가 고문서 no.4013'이라고 이름 붙여진 기록이다. 1830년대에 작성된 것으로 추정되는 이 문서 안에 당시 울릉도와 독도의 소속에 대한 일본 측의 인식이 담겨 있다.

동북아역사재단 독도연구소 이훈 박사

_ 17세기 말 일본 도쿠가와 막부가 죽도 도해금지령을 내린 이후에도 일본 사람들이 울릉도에 가서 무기라든지 산물을 거래하는 일들이 있었는데, 이것이 조선과 일본의 외교 현안이 된 적이 있습니다. 그래서 막부는 1837년에 울릉도 도해 금지를 전국적으로 확대하는 명령을 내리게 되는데, 그 명령을 내리기 전에 울릉도·독도에 대해 가장 잘 알고 있는 쓰시마번에 그 관계를 확인하는 과정에서 작성된 문서라고 추정됩니다.

_ 이훈 박사

울릉도 쟁계 이후 일본인의 울릉도 도해는 금지되었지만 경제적 이득을 목적으로 몰래 울릉도를 드나드는 일들이 일어났다. 1833년 하치에몬이라는 자는 울릉도에서 나무를 베어 팔다가 적발되어 1836년 도해 금지를 어겼다는 이유로 처형되었다.

이듬해 막부는 같은 문제가 재발되는 것을 막기 위해 울릉도 도해금지령을 다시 한 번 내리는데, 울릉도는 물론이고 연안 밖으로 나가는 것 자체를 금지한다고 밝히고 있다.

그러니까 '대마도 종가 고문서 no.4013'은 울릉도에서 벌목을 하다 적발된 하치에몬의 처형 이후 막부가 쓰시마번에 울릉도와

막부의 질문

죽도와 **송도** 모두
조선의 **울릉도**인가?
아니면 **죽도**는 **울릉도**이고
송도는 **조선 밖의 땅인가?**

대마번의 답변

조선국 강원도 울진현 동해 가운데
울릉도라는 섬이 있는데
일본에서는 죽도라 부릅니다.

송도(독도)에 대해서는 원록연간(17세기 말) 막부의 노중
아베 붕고노가미께서 문의하셨을 때,
죽도 근처에 송도라는 섬이 있어서
일본인이 건너가 어로활동을 했다는 소문을
들었다는 기록이 있습니다.

하지만 송도(독도)도 죽도와 마찬가지로 일본인이 도해하여
어로활동을 하는것을 금지한 섬으로 알고 있습니다.

\+

대마도 종가 고문서에 기록된 막부의 질문과 쓰시마번의 답변

독도의 소속을 확인한 질의 답변서인 것이다.

막부의 질의서는 다음과 같다.

:: 죽도와 송도 모두 조선의 울릉도인가?
아니면 죽도는 울릉도이고 송도는 조선 밖의 땅인가? ▟

막부는 죽도가 조선의 울릉도인 것은 확실한데, 송도 즉 독도가 울릉도에 부속된 조선의 영토인지, 아니면 조선의 밖에 있는 무주지인지를 묻고 있다. 독도의 소속에 대한 쓰시마번의 답변은 다음과 같다.

:: 조선국 강원도 울진현 동해 가운데 울릉도라는 섬이 있는데 일본에서는 죽도라 부릅니다. 송도(독도)에 대해서는 원록 연간(17세기 말) 막부의 노중 아베 붕고노가미께서 문의하셨을 때 죽도 근처에 송도라는 섬이 있어서 일본인이 건너가 어로 활동을 했다는 소문을 들었다는 기록이 있습니다. 하지만 송도(독도)도 죽도와 마찬가지로 일본인이 도해하여 어로 활동을 하는 것을 금지한 섬으로 알고 있습니다만, 딱히 구체적으로 정한 것은 아니라고 알고 있습니다. ▟

'죽도도해금지령'이 내려질 당시 '송도도해금지령'이 따로 내려진 것은 아니지만 일본인들은 죽도 도해 금지란 곧 송도 도해 금지와 같다고 받아들였음을 알 수 있다.

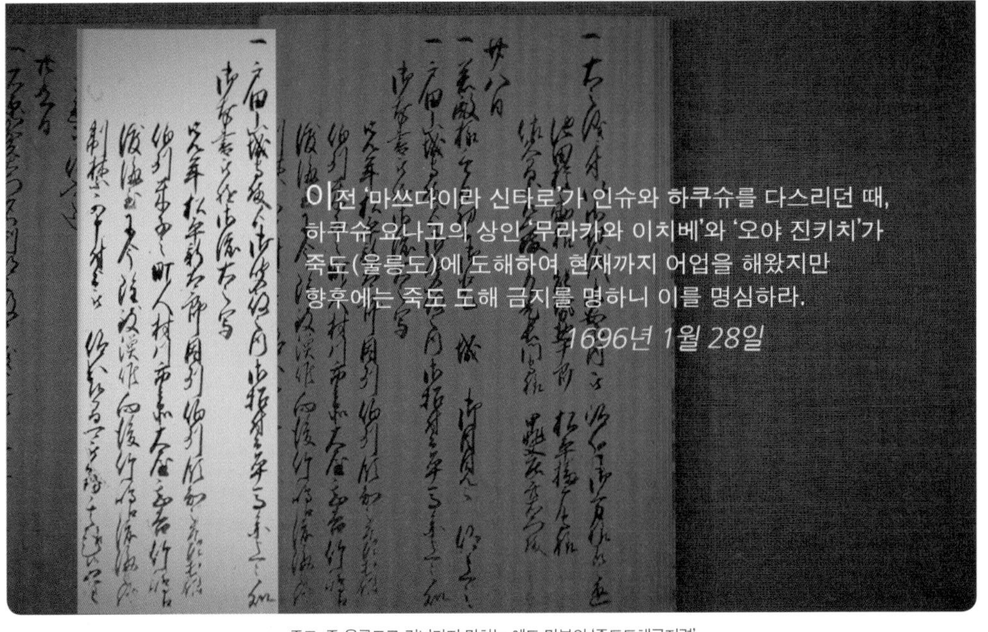

죽도, 즉 울릉도로 건너가지 말라는 에도 막부의 '죽도도해금지령'

_ 이 문장에서 유추해서 얘기할 수 있는 것은 죽도도해금지령에 송도도 포함되어 있었다는 것입니다. 그것은 울릉도와 독도를 한 세트로, 부속 도서로서 인식하고 있었다는 이야기입니다. 이 문서가 중요한 건 17세기 말 일본 막부의 죽도도해금지령 안에 송도도 포함되어 있었다고 쓰시마번이 생각했다는 것이죠. 현재 일본 외무성의 공식 입장은 일본이 17세기 말 울릉도 도항은 금지했지만 독도 도항은 금지하지 않았다는 것인데, 그것을 반박할 수 있는 근거라고 할 수 있습니다. _ 이훈 박사

17세기 울릉도 쟁계의 결과는 19세기 말까지도 그 효력을 발휘했다. 그리하여 독도의 소속을 확인할 수 있는 또 하나의 증거가 일본 측 문서에 남게 됐다. 1877년, 당시 일본의 최고 권력기관인 태정관의 지령이다.

증거 4

1877년 태정관 지령

1876년 10월 16일, 시마네현은 지적을 편찬하는 과정에서 울릉도와 독도가 어디에 속하는가를 태정관에 문의했다. 그 시기를 눈여겨보자. 1876년 10월은 무토 헤이가쿠가 '송도개척지의'를 제출한 이후이자, 도다 다카요시가 '죽도도해청원서'를 제출하기 직전이다. 시마네현은 연안 어업에서 어장 과밀 현상에 따른 어장 침탈과 분쟁이 일어나는 상황에서 오가사와라 제도의 영토 편입이 결정되는 것을 보고서 '죽도 도해'를 염원하는 시마네현 어부들의 바람을 지적 편찬 기회를 통해 실현하고 싶었는지도 모른다.

그런 움직임이 이는 가운데 시마네현 출신으로서 도쿄에 거주

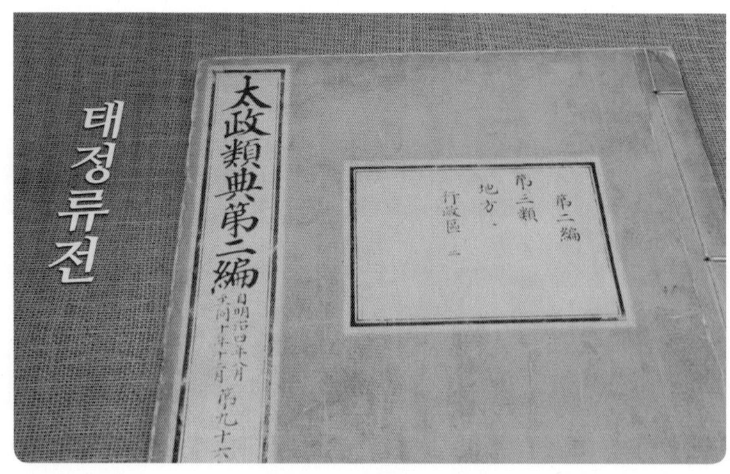

태정관 지령이 실린 『태정류전 제2편』 표지

하던 사족士族 도다 다카요시가 죽도도해청원서를 도쿄부에 제출했다. 이는 시마네현과 연결되어 '죽도 도해'를 받아내고 시마네현 지적에 죽도를 넣겠다는 시마네현의 바람을 측면 지원하겠다는 의미도 있었을 것이다.*

하지만 앞서 말한 것처럼 송도개발건의서와 죽도도해청원서는 모두 기각되었다. 그리고 시마네현의 문의에 대해서 태정관은 '불가不可' 입장을 유지했다. 1877년 3월 29일, 태정관은 '죽도 외 1도'는 일본 영토가 아니라고 밝혔다. 판단 근거는 물론 울릉도 쟁계였다.

:: 원록 9년(1696) 1월 제1호 구정부 평의의 지의旨意나 제2호 역관에의 달서達書, 제3호 해당국(조선)으로부터 온 서간, 제4호 본방(일본) 회답 및 구상서 등으로 보아 원록 12년(1699) 외교 교섭이 끝나 본방과 관계없다고 사료됩니다. 질의한 죽도 외 일도 건은 본방과 관계없음을 명심할 것.

_ "죽도 외 1도가 일본의 영역이 아니므로 명심"하라는 구절이 최종적으로 나오게 된 데는 원록 연간의 울릉도 쟁계가 있었습니다. 그결과에 대한 사료들을 분석해 보니 이것은 이미 원록 시대에 조선과의 사이에 다 결착이 난 땅으로, 그때 벌써 일본 땅이 아니라고 했다는 것을 가장 큰 근거로 삼아 결정을 내린 것이죠. _ 송휘영 교수

간혹 '죽도 외 1도'라는 문구에 오해가 있을 수 있다고 주장하는 일본 학자들이 있다. '죽도 외 1도'라는 말은 당시 울릉도를 죽도와 송도로 혼용하는 혼란이 있었기 때문에 죽도라

* 「메이지 시대 일본의 울릉도·독도 정책」, 김호동, 2010. 8.

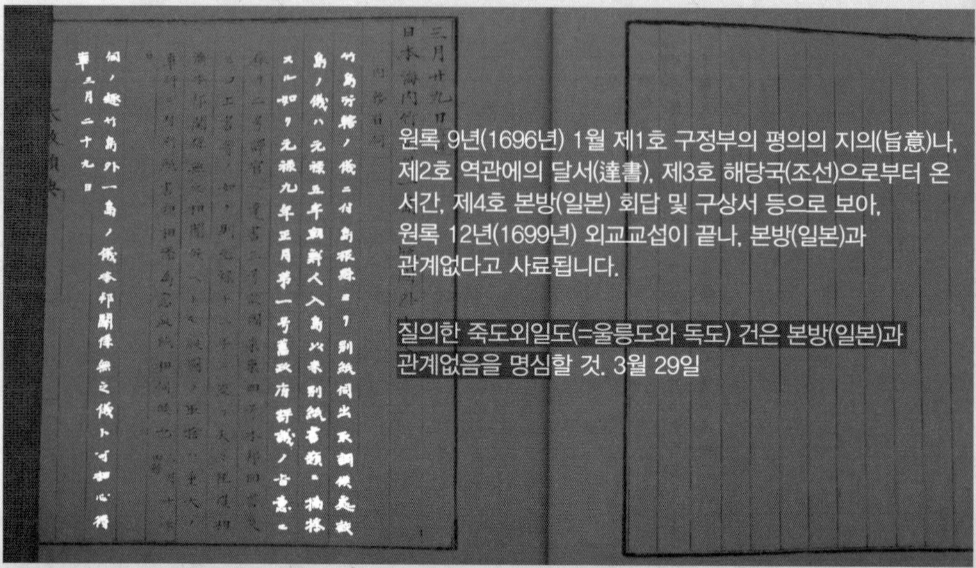

원록 9년(1696년) 1월 제1호 구정부의 평의의 지의(旨意)나, 제2호 역관에의 달서(達書), 제3호 해당국(조선)으로부터 온 서간, 제4호 본방(일본) 회답 및 구상서 등으로 보아, 원록 12년(1699년) 외교교섭이 끝나, 본방(일본)과 관계없다고 사료됩니다.

질의한 죽도외일도(=울릉도와 독도) 건은 본방(일본)과 관계없음을 명심할 것. 3월 29일

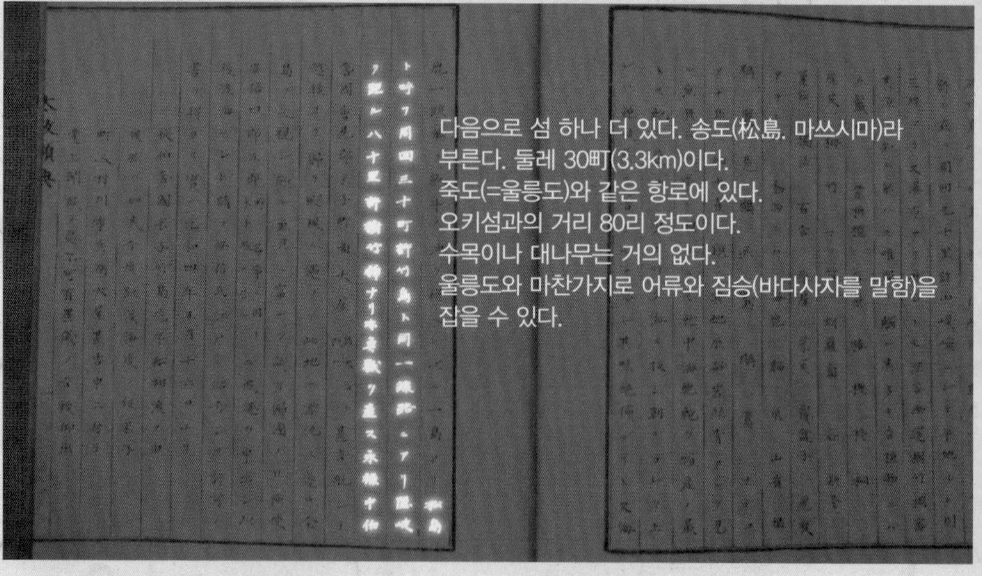

다음으로 섬 하나 더 있다. 송도(松島. 마쓰시마)라 부른다. 둘레 30町(3.3km)이다.
죽도(=울릉도)와 같은 항로에 있다.
오키섬과의 거리 80리 정도이다.
수목이나 대나무는 거의 없다.
울릉도와 마찬가지로 어류와 짐승(바다사자를 말함)을 잡을 수 있다.

+

독도가 일본 영토가 아님이 명확히 드러난 태정관 지령과 그에 첨부된 문서

불리는 울릉도, 송도라 불리는 울릉도 이 두 가지를 뜻한다는 주장이다. 하지만 태정관 지령에 첨부된 또 다른 문서를 보면 '죽도 외 1도'에서 말하는 1도가 어디인지 그 해답을 찾을 수 있다.

:: 다음으로 섬 하나가 더 있다. 송도라 부른다. 둘레가 33킬로미터이다. 죽도(울릉도)와 같은 항로에 있다. 오키 섬과의 거리는 80리 정도이다. 수목이나 대나무는 거의 없다. 울릉도와 마찬가지로 어류와 짐승을 잡을 수 있다. ⌟

죽도와 같은 항로에 있는 또 다른 섬에 대한 설명, 이것은 분명 독도에 대한 것이다. 그리고 이와 관련된 결정적인 문서가 하나 더 발견됐다. 태정관 지령에 첨부된 '기죽도 약도'이다. 일본에서 만든 울릉도 약도에는 독도의 위치까지 정확하게 그려져 있다.

독도의 위치가 정확히 그려진 '기죽도 약도'

_ 누가 보더라도 태정관 지령문에 나오는 '죽도 외 1도'라는 것은 울릉도와 울릉도 옆에 있는 독도, 즉 죽도와 송도를 의미한다는 것이 틀림없는 사실입니다. _ 송휘영 교수

일본은 그동안 죽도도해금지령에 독도는 포함되지 않았다며 독도가 일본의 고유 영토였다고 주장해 왔다. 그러나 대마도 종가 고문서를 통해 당시 일본인들은 독도도 도해가 금지된 땅이었다고 인식하고 있었음이 분명히 드러난다. 뿐만 아니라 태정관 지령과 그에 첨부된 문서들을 통해서 독도가 일본의 고유 영토가 아니었음이 증명되었다. 그러나 일본은 이 모든 진실을 외면하고 있다.

_ 메이지 10년의 태정관 지령이 시마네현이 문의한 대로 현재의 다케시마, 즉 독도를 포함해서 일본의 영토가 아니라는 것이 합법 관계에서 생각한다 하더라도 메이지 10년(1878)의 시점에서 '한국 측이 현재의 다케시마, 독도에 대한 인식이 있었습니까'라고 반대로 물어 보고 싶습니다.
_ 츠카모토 다카시 교수

현재의 일본은 1905년에 이루어졌던 독도 강제 편입의 정당성을 확보하기 위해서 강치잡이를 근거로 일본인들이 독도를 관리, 경영했다고 주장하는 한편, 그때 조선은 독도에 대한 인식이라도 있었느냐고 반문한다. 그렇다면 일본이 비밀리에 강제 편입을 추진할 당시 대한제국은, 고종은, 백성들은 독도에 대한 인식이 있었을까? 독도의 편입 소식을 가장 먼저 알게 된 울도군수 심흥택의 보고서를 다섯 번째 증거로 제출한다.

심흥택 보고서

증거 5

1906년 3월 28일, 시마네현의 관리와 그 일행이 울도군수 심흥택을 방문했다. 그리고 다케시마(독도)가 시마네현에 편입되었다고 통보한다. 말도 안 되는 일이라고 여겼지만 심흥택 군수는 그 자리에서 일본에 항의할 수 없었다. 당시 울릉도에는 이미 일본인 관리와 경찰 그리고 수많은 민간인들이 거주하고 있었고, 이때 방문한 관리 일행은 울도군수의 별다른 허가 없이도 울릉도 구석구석을 활보하며 '조사'를 하고 다닐 만큼 조선을 만만하게 보고 있었다. 1905년 11월 17일 을사늑약이 체결된 후 조선은 이미 일본과 동등하게 외교를 행사할 수 있는 상황이 아니었던 것이다.

1906년 울릉도를 방문한 시마네현 관리 일행과 울도군수 심흥택

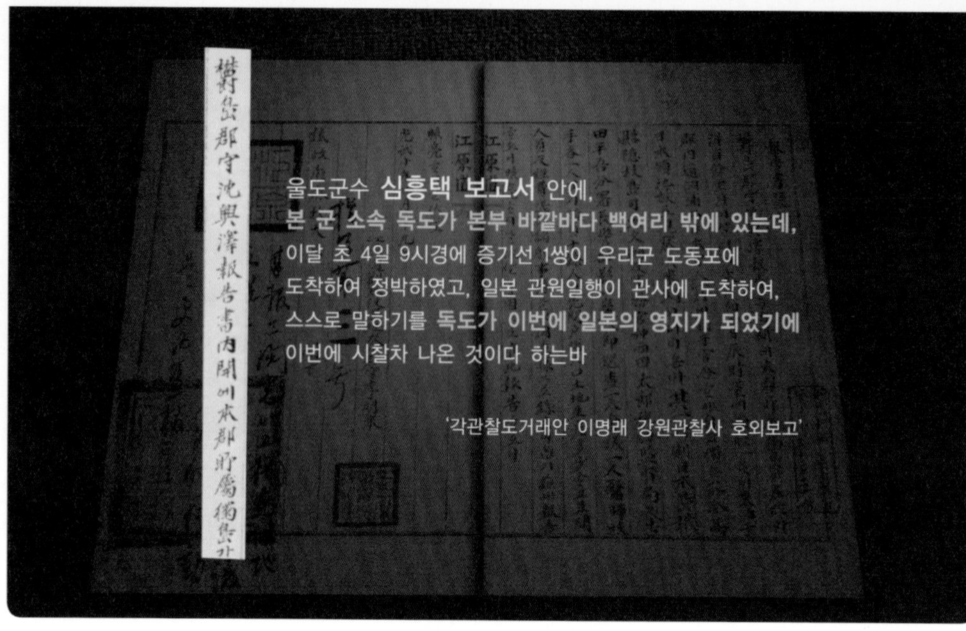

강원관찰사 이명래의 호외 보고

심흥택 군수는 일본인 관리들이 돌아간 다음 날, 곧바로 중앙정부에 보고서를 올린다.

:: 울도군수 심흥택 보고서 안에 '본군 소속 독도'가 본부 바깥 바다 백여 리 밖에 있는데, 이달 초 4월 9시경에 증기선 한 쌍이 우리 군 도동포에 도착하여 정박하였고, 일본 관원 일행이 관사에 도착하여 스스로 말하기를 독도가 이번에 일본의 영지가 되었기에 이번에 시찰차 나온 것이다 하는바… . ⌟

1906년 울도군수 심흥택이 중앙정부에 올린 긴급 보고서 그 첫머리에는 '본군 소속 독도'라고 명시돼 있다. 1900년 대한제국 칙령 제41호를 통해 울릉도는 울도군이 되었고, 울도군수는 울릉도

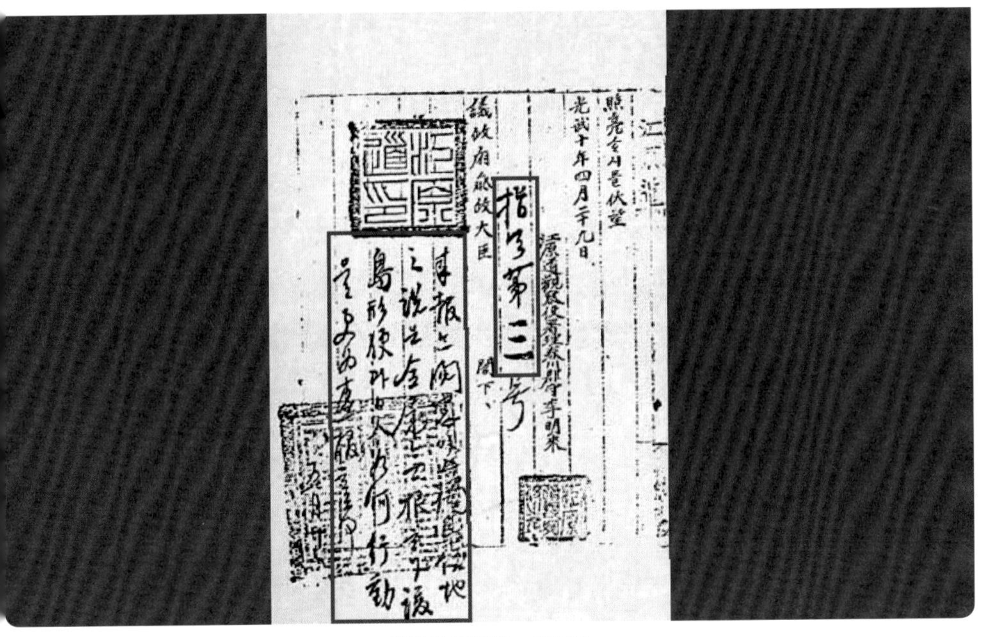

대한제국 지사 명령 no.3 사진 *

와 그 부속도서인 죽도와 석도, 즉 독도까지 관리하게 되어 있었다. 심흥택 군수는 그 칙령대로 독도가 울도군의 관할 구역이었음을 분명히 알고 있었기에 일본인들이 편입 사실을 전해 오자마자 긴급 보고서를 제출한 것이었다. 심흥택 군수의 보고를 접한 중앙정부도 놀라기는 마찬가지였다.

:: …대한제국 지사 명령 No.3. 나는 이 보고서를 읽었다. 그들의 말에 의하면 독도가 일본 영토라는 것은 전적으로 근거를 알 수 없는 주장이며, 섬을 재점검하고, 일본인들의 행동을 점검하라…. ▟

* '1905년 일본의 독도 편입에 대한 한국의 반대' (출처 : www.dokdo-takeshima.com)

_ 그때 우리 중앙정부에서 '그것은 근거 없는 얘기다. 아연실색할 일이다. 다시 조사해서 보고해라' 이런 반응들을 보였습니다. 일본의 주장이 불법부당하다는 인식을 정부 부처에서도 갖고 있었고, 울도군수도 그러한 인식을 갖고 있었다는 거죠. 또한 독도는 당연히 울릉도의 부속 섬이고 울도군수가 관할하는 섬이라는 인식을 갖고 있었습니다. _ 홍성근 소장

5월에는 〈대한매일신보〉에 이 사건이 보도되었다.

:: 울도군수 심흥택이 내무대신에게 보고하기를 어떤 일본인 관리들이 울릉도 섬으로 와서 주장하기를 독도가 일본 영토이며, 섬을 측량하고 당시 가구 수를 조사하였다. 보고서(심흥택 보고서)에 대한 대답으로 내무대신이 말하기를 "일본 관리들이 울릉도 지역을 여행하고 조사한다는 것은 예사로운 일이다. 그러나 독도가 일본 영토라는 주장은 전혀 맞지 않는 이야기다. 우리는 일본의 주장이 놀라운 일이라고 생각한다…"* 」

稱奉旨而行文ᄒᆞᆫ罪ᄂᆞᆫ不可無警
이라ᄒᆞ더라
●無變不在 鬱島郡守沈興澤
氏가닉部에報告ᄒᆞ되日本官員
一行이來到本郡ᄒᆞ야本郡所在
獨島ᄂᆞᆫ日本屬地라自稱ᄒᆞ고地
界濶狹과戶口結總을一一錄去
라ᄒᆞ얏ᄂᆞᆫ듸닉部에셔指令ᄒᆞ기
를遊覽途次에地界戶口之錄去
ᄂᆞᆫ容或無怪어니와獨島之稱云
日本屬地ᄂᆞᆫ必無其理니今此所
報가甚涉訝然이라ᄒᆞ얏더라
●醉兵打倅 南陽郡守方[illegible]
시가龍山等地에因事出往ᄒᆞᄂᆞᆫ
듸電車을同乘ᄒᆞᆫ日本醉兵의[illegible]

사건이 전해지자 조선의 지식인들도 일본의 독도 편입을 성토하고 나섰다. 1906년 5월, 학자 황현(1910년 일본의 한국 합병에 항의하기 위해 자결)이 남긴 기록이다.

:: "울릉도 동쪽 약 100리에는 독도라고 부르는 작은 섬이 있다. 오래전부터 이 섬은 울릉도에 속해 있었다. 그러나 일본

* '1905년 일본의 독도 편입에 대한 한국의 반대' (출처 : www.dokdo-takeshima.com). 161쪽 각주도 동일.

인들이 와서 섬을 측량하고 근거도 없이 그들의 영토라고 주장 한다….”*」

당시 대한제국은 정부와 관리 그리고 시민들까지도 독도가 울릉도에 속한 섬이라는 것을 잘 인식하고 있었고, 1905년 독도의 시마네현 편입은 일본의 침략 행위라고 생각하고 있었다. 하지만 이미 주권을 빼앗긴 나라에서 할 수 있는 것은 없었다.

_ 지속되어 온 관계의 존중이라는 면에서 본다면 당연히 울릉도와 독도는 한묶음으로 한국의 영토가 되는 게 맞습니다. 그런데 아시다시피 한국은 한반도 전체가 일본의 식민지가 되었기 때문에 독도 문제가 불거지게 된 것입니다. 바로 그렇기 때문에 독도 문제를 제국주의 침략의 문제, 식민지 문제로 봐야지, 이것을 2차 세계대전 이후의 국제법 문제로 보아서는 안 됩니다. 그렇게 보는 것은 굉장히 문제가 있는 역사 인식이라고 생각합니다.” _ 허영란 교수

현재 일본은 독도의 편입을 정당화할 수 있는 국제법적 근거들을 만들어내는 동시에, 전 세계에 독도를 분쟁 지역으로 인식시키기 위한 홍보전을 끊이지 않고 있다.

그러나 19세기 말 일본이 영토를 확장해 나가는 과정에서 일본이 합법적이었다고 말하는 독도 편입 과정의 모순들 또한 담겨 있다. 우리는 이를 통해 일본의 독도 편입이 제국주의 침략 전쟁의 시작을 알린 명백한 침탈 행위였다는 사실을 다시 한 번 확인하고자 한다.

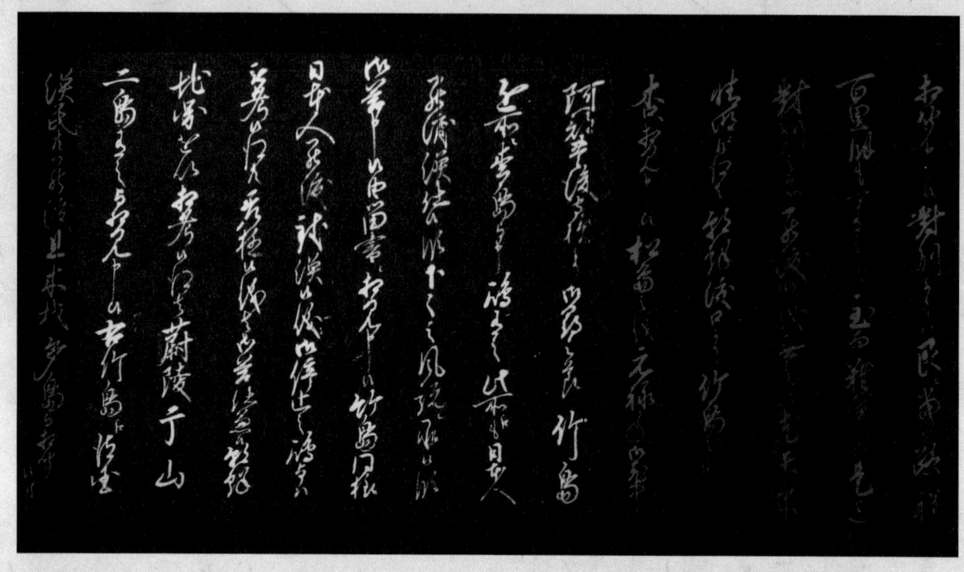

대마도 종가 고문서 no.4013

+

이 문서는 1837년, 울릉도 도해 금지를 어겼다가 적발된 하치에몬의 처형 이후 에도 막부가 쓰시마번에 울릉도와 독도의 소속을 확인한 질의 답변서이다. 쓰시마번은 "송도(독도)도 죽도와 마찬가지로 일본인이 도해하여 어로 활동 하는 것을 금지한 섬으로 알고 있습니다만, 딱히 구체적으로 정한 것은 아니라고 알고 있습니다"라고 밝혔다. 이는 '송도도해금지령'이 따로 내려지진 않았지만 '죽도도해금지령' 안에 송도도 포함된 것으로 여기고 있었다는 것을 보여주며, "죽도 도해는 금지되었지만 송도 도해는 금지된 적이 없다"는 일본의 공식 입장을 반박할 수 있는 중요한 자료이다.

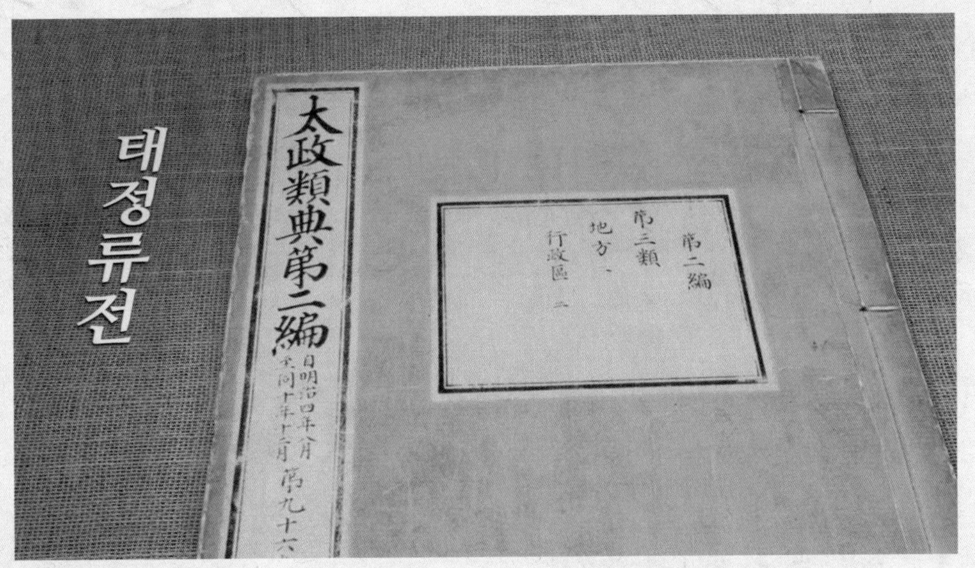

태정관 지령과 기죽도 약도

+

1877년 3월 29일, 태정관은 죽도(울릉도)의 소속을 묻는 시마네현의 질문에 "죽도 외 1도는 일본의 영토가 아니므로 명심하라"는 답변을 내린다. 여기서 말하는 '죽도 외 1도'는 송도를 설명하는 첨부 자료와 기죽도 약도를 통해 울릉도와 독도를 뜻한다는 사실을 확인할 수 있다. 1877년 일본은 독도를 조선의 영토라고 스스로 인정했지만, 불과 30여 년 뒤 독도를 무주지라 주장하며 편입 절차를 밟았다. 태정관 지령은 '시마네현 고시 제40호'의 무효를 입증하는 중요한 자료다.

'약자' 일본과 '강자' 일본의 두 얼굴

오가사와라 편입을 통해 본 독도 강제 편입의 문제점

일본이 오가사와라 제도를 편입한 경험이 울릉도와 독도에까지 영향을 끼쳤다는 사실은 앞서 확인한 바 있다. 그런데 당시 일본은 오가사와라 제도를 두고 영국·미국 등 주변 강대국과의 분쟁을 거쳐야 했다. 이미 서양 사람들이 거주하고 있었고, 영국과 미국이 모두 영유권을 주장하고 나섰던 것이다.

그렇다면 일본은 어떤 과정을 거쳐 서구 열강으로부터 이 섬의 영유권을 인정받을 수 있었던 것일까? 1876년 오가사와라 제도가 일본 영토로 편입된 과정 속에는 한·일 독도 문제의 시작과 독도 문제 해결의 실마리가 동시에 담겨 있다.

1853년, 미국 동인도함대의 페리 제독은 대서양, 인도양을 거쳐 일본에 도착한다. 일본에 강제로 개항을 요구한 페리 제독의 항로에 오가사와라 제도가 등장한다. 일본에 도착하기 전 오키나와에서 중간 보급을 마친 페리는 일본 본토로 바로 가지 않고 오가사와라에 3일간 머무른다. 미국과 중국, 일본을 연결하는 항로상에 위치한 오가사와라를 자국의 영토로 확보하여 향후 교역과 포경업을 위한 보급기지로 사용하기 위해서였다. 페리는 주민 다섯 명을 이주시키고, 이전부터 이 섬에서 생활하던 세보리 가문으로부터 섬을 매입한 후 그를 총독으로 임명했다. 그러고는 오가사와라 제도를 미국의 식민지로 만들었다고 본국에 보고했다.

독도 문제의 시작과 문제해결 실마리가 담긴 오가사와라 편입 과정

미국과 영국이 오가사와라 제도의 영유권에 관심을 보이자 일본은 1860년 태평양 항로상의 요지인 이 섬을 다시 조사, 순검하기로 결정했다. 1861년 12월 4일부터 1862년 3월 27일까지 외국봉행外国奉行 미즈노 다다노리 등 총 107명이 오가사와라에 머물렀다. 그 기간에 미즈노 등은 섬에 거주하는 외국인들을 모아 놓고 일본의 정령을 준수하도록 서약을 받은 다음, 땅문서를 나눠주고 출장

미국 동인도함대의 페리 제독과 그의 함선

소를 설치해 관리를 주재시키는 등의 조치를 취했다. 그리고 이 사실을 영국과 미국 공사에게 통보했다.

이에 대해 미국 측은 별다른 이의를 제기하지 않았지만, 영국 영사 올콕은 "일본인이 최초의 발견자라 하더라도 그 후 관리를 게을리했기 때문에 구미의 법률에 따르면 일본의 소유권은 이미 소멸하였다"면서 이의를 제기했다.

하지만 이 분쟁은 본격화되지 않았다. 영국 측이 러시아의 남하정책을 경계하는 데 총력을 기울여야 했기 때문이다. 일본은 관리와 이민자 80여 명을 오가사와라에 파견했다.

그런데 그 무렵 강경한 양이론洋夷論의 목소리가 커지며 외국과의 충돌이 자주 발생하자, 일본은 1863년 5월 9일 오가사와라 제도를 개척하려는 시도를 중단하고 주민들을 모두 철수시켰다. 공도정책을 실시한 셈이다.

좀 더 정확히 말한다면 정책이라고 할 수도 없었다. 조선이 울릉도와 독도에 시행한 쇄환정책은 섬을 비우되 수토사를 파견하여 영토를 관리함으로써 주권을 지키는 정책이었지만. 일본은 모든 개척을 중지하고 주민을 철수시킨 뒤 그 어떤 관리 행위도 하지 않은 채 섬을 방치해 두었던 것이다. 그것은 일본이 갖고 있던 일체의 권리를 포기한 것이라 말할 수 있다. 그 사이 서양 이주자들이 오가사와라 제도를 개척하기 시작했다.*

그 후 약 10년 뒤, 섬의 유력자 벤자민 피스가 이 섬을 미국의 속지로 삼아 달라고 청원한 사실이 알려졌다. 당시 오가사

* 한철호의 「명치 시기 일본의 도서 선점 사례에 대한 역사적 분석과 그 의미」를 참고 인용한 「메이지 시대 일본의 울릉도·독도 정책」, 김호동(2010.8)에서 재인용.

와라 제도의 주민은 미국인 25명, 영국인 17명, 프랑스인 4명이었다. 미국은 이 청원을 받아들이지 않았지만, 일본에서는 이 사실에 위기 의식을 느끼며 다시 한 번 오가사와라 편입에 관한 논의를 시작했다.

_ 일본은 섬이기 때문에 일본의 해양 영토는 결국 도서 편입을 통해서만 확정될 수 있습니다. 그런 점에서 오가사와라 제도의 편입은 일본 정부로서 굉장히 간절했던 사안입니다. 반면 영국이나 미국은 상대적으로 너무 멀리 떨어져 있는 섬이기 때문에 이 섬의 편입을 통한 실익이 상대적으로 적었지요. 영국이나 미국 민간인들이 거주하면서 이익을 추구하고 있지만, 영토로 편입하지 않더라도 자국의 이익을 유지하거나 보장받을 수 있다면 크게 문제가 되지 않았던 거죠. 오가사와라 섬에 대한 국익적 접근의 정도나 관점이 완전히 달랐던 겁니다. 그런 상황에서 일본이 경제적·정치적·군사적 이유로 오가사와라 섬을 편입시킬 필요성을 느낀 거죠. 특히 페리가 내항한 이후 미국과 화친조약을 체결하는 과정에서 오가사와라에 대해 미국이 어떤 조치를 취하려는 움직임을 보이니까 더 다급해진 것이라고 할 수 있습니다. _ 허영란 교수

일본이 오가사와라의 소속을 명확히 하기 위해 회수위원을 파견하겠다고 통보하자, 영국 공사 파크스는 영국도 요코하마 주재 영사를 오가사와라 제도에 파견하겠다는 뜻을 전했다. 일본의 영토로 인정할 수 없다는 의사 표현이었다. 그러면서 이 섬을 일본의 속지라고 주장하는 이유를 따져 물었다.

일본 측은 이에 대해 "지금까지 수속도 있고, 관리를 파견한 적도 있으며, 또 가까운 섬이기 때문에 우리 관할로 정했다"고 답했

다. 그러자 파크스는 "가깝다는 이유로 속지로 정한다는 설은 적절하다고 할 수 없다. 만일 원근으로 섬의 소속을 따진다면 유황도는 중국의 속지라고 말해도 괜찮은가? 또한 관리를 파견한 것은 귀국뿐만 아니라 미국, 러시아, 우리나라도 파견했다"고 반박했다.

일본의 외교 문서와 '삼국접양지도'

당시 일본이 내민 히든카드는 '삼국접양지도'였다. '삼국통람여지노정전도三国通覧輿地路程全図'라고 불리기도 하는 이 지도는 일본을 중심으로 조선朝鮮, 류큐(琉球, 오키나와 열도), 에조(蝦夷國, 홋카이도 이북 아이누 지역 에조) 세 나라를 그린 지도로, 에도 시대의 유명한 학자 하야시 시헤이林子平가 1785년에 쓴 『삼국통람도설三國通覽圖說』에 들어 있는 지도이다.

이 지도 오른쪽 하단에는 오가사와라 제도가 등장하는데, 일본 본토로부터의 거리와 함께 무인도로 '오가사와라小笠原島'라고 불린다는 기록이 나온다. 미국·영국과의 협상에서 일본은 약 100여 년 전에 만들어진 삼국접양지도를 근거로 내세운 것이다.

미국과 영국은 처음에 이 지도를 무시하려 했다. "일본어로 쓰인 문서는 국제법상 증거 능력이 없다"는 것이 그 이유였다. 이에 일본은 프랑스어로 번역된 삼국접양지도를 제시하며 역사적 근거가 분명하다고 호소했다. 결국 미국과 영국은 이를 인정할 수밖에 없었다. 거기에는 작은 섬의 소유보다 일본과의 교역을 통한 이익이 더 크고, 해로상의 보급과 안전만 보장된다면 문제를 삼을 필요가 없다는 계산도 있었을 것이다.

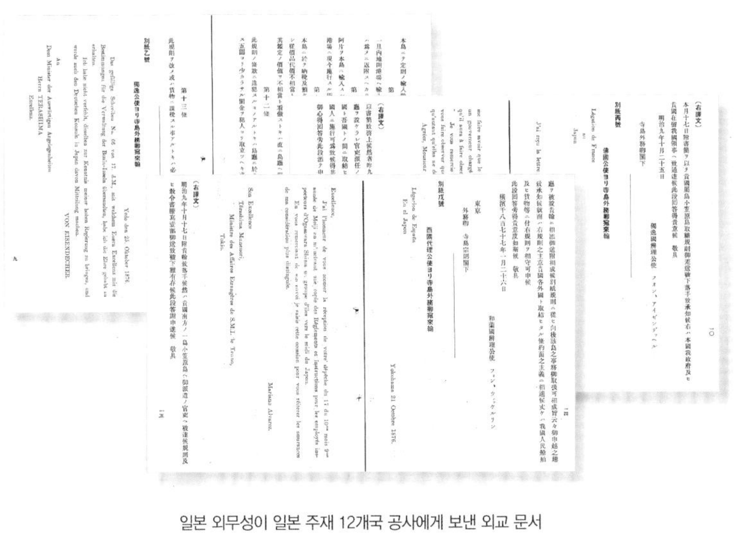

일본 외무성이 일본 주재 12개국 공사에게 보낸 외교 문서

영국이 일본의 영토 편입 조치를 승인하겠다는 의향을 비치자, 일본은 1876년 10월 오가사와라 제도에 시행할 새 법령을 제정했다. 그리고 외무성 명의로 일본 주재 12개국 공사에게 오가사와라 제도에 관청을 설치하고 관리를 파견하며 규칙에 따라 단속하겠다는 내용을 통보했다.[*]

_ 일본이 독립적인 체제를 유지하는 과정에서 영국이나 미국, 국제사회의 눈치를 볼 수밖에 없는 상황이 있었습니다. 그러니까 일본이 국제사회에서 이 섬을 자국의 영토로 인정받기 위해서는 관련 당사국들의 동의가 꼭 필요했던 것이죠. _ 허영란 교수

* 허영란, 「명치기 일본의 영토 경계 확장과 독도-도서 편입 사례와 '죽도 편입'의 비교」, 『서울 국제법 연구』, 2003.

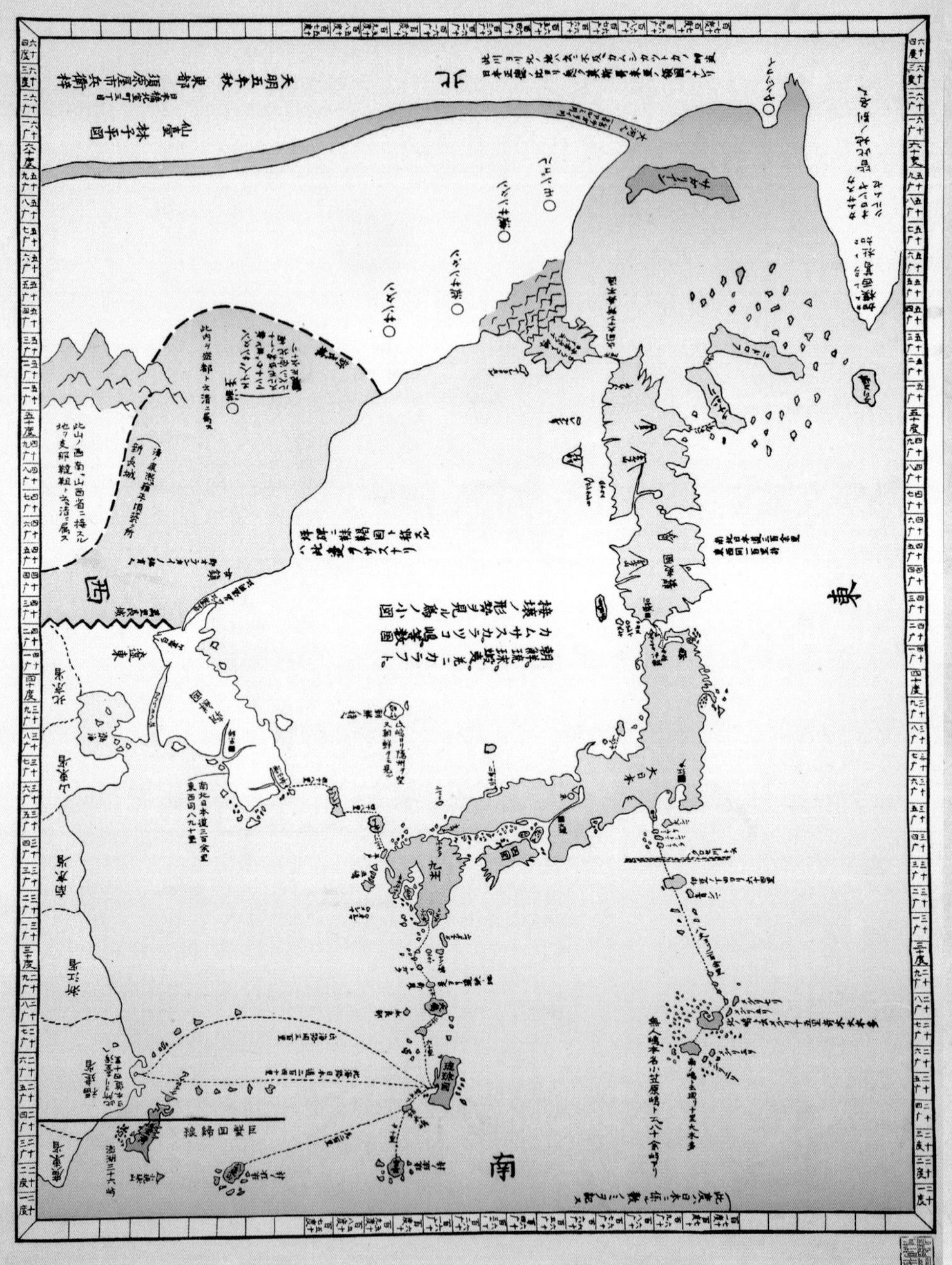

삼국접양지도 일본어판

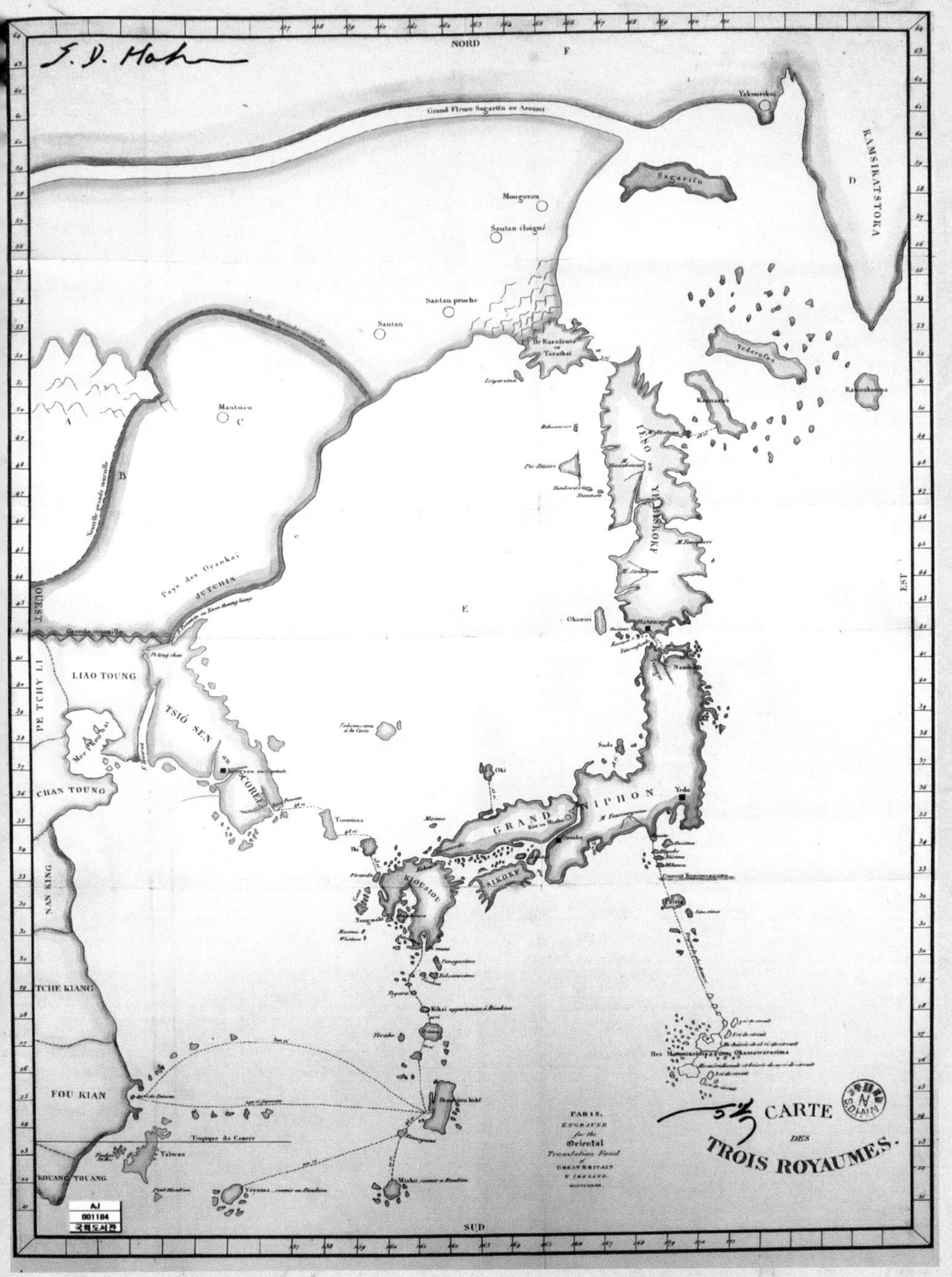

AJ
001184
국회도서관

삼국접양지도 프랑스어판

오가사와라 편입을 통해 일본은 두 가지 교훈을 얻게 된다. 첫째, 일본 역시 서구 열강들과 같이 영토를 취득할 수 있다는 것, 둘째 당시의 국제법적 기준을 충족시키는 방법을 터득했다는 것이다.

'약자' 일본과 '강자' 일본의 두 얼굴

그렇다면 당시 미국·영국 등 관계 강대국 사이에서 일본이 오가사와라 편입을 위해 사용한 방법과 20여 년 뒤 일본이 독도 편입을 위해 사용한 방법에는 어떤 차이가 있을까?

오가사와라 편입과 독도 편입의 차이점

오사가와라 편입	독도 편입
12개국에 외교 공문 보냄	시마네현 고시로만 알림
중앙일간지 관보에 게재	시마네현 지방지에 고지

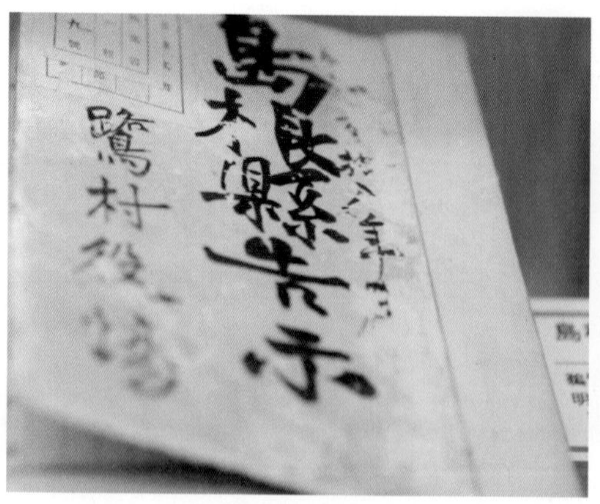

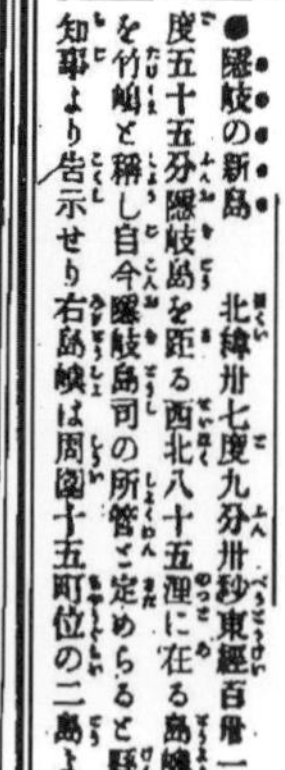

●隠岐の新島　北緯卅七度九分卅秒東經百卅一度五十五分隠岐島を距る西北八十五浬に在る島嶼を竹島と稱し自今隠岐島司の所管と定めらると縣知事より告示せり右島嶼は周圍十五町位の二島より成る周圍には無數の群島散在し海峽は船の碇泊に便利あり草は生へ居たるも樹木は無しと云ふ

독도를 편입한다는 시마네현 고시와 시마네현 지방지 공고 오가사와라 편입시 일본이 실행했던 국제법상의 통지 절차는 독도 편입 과정에서는 철저히 무시되고 생략되었다. 일본은 시마네현에 독도 편입을 고시할 때까지 이해 관계국인 조선에 그 어떤 통보도 하지 않았고, 고시 이후에도 국외는 물론 자국 내에서도 공개적 방식으로 알리지 않았다. 시마네현 강제 편입 후 1년이 지나서야, 그것도 중앙정부가 아닌 울도군수에게 필요에 의해 사실을 알렸을 뿐이다.

과연 이것을 정당한 영토 취득이라고 말할 수 있을까? 편입 사실을 알자마자 즉각 항의하고 일본의 편입에 문제가 있음을 성토했던 우리 정부와 관리, 그리고 언론 보도를 바탕으로 생각해 볼 때, 만약 오가사와라의 경우처럼 일본이 조선에 미리 사실을 알리고 동의를 구했더라면 과연 조선은 순순히 응했을까? 1876년 영토 취득을 위해 국제법적 노력을 경주했던 상대적 약자 일본은 1905년

1898년 일본 영토로 편입된 미나미도리시마

상대적 강자가 되자 입장을 바꾼 것이다.

독도의 편입 사례와 비교해 볼 만한 또 하나의 섬이 있다. 1898년, 그러니까 독도의 강제 편입보다 7년 앞서 일본 영토로 편입된 미나미도리시마(南鳥島 : '남쪽 새들의 섬'이라는 뜻)이다.

'마커스 섬'으로 불리기도 하는 이 섬은 오가사와라 제도에서도 동쪽으로 1200km나 떨어져 있고, 면적은 1.2제곱미터에 불과한 작은 섬이다. 현재 민간인은 거주하지 못하고 군사적 용도의 공항과 통신시설만이 있다. 오가사와라 제도 편입 이후 이루어진 이 섬의 편입 과정을 살펴보면 오가사와라와는 다르고, 이후의 독도

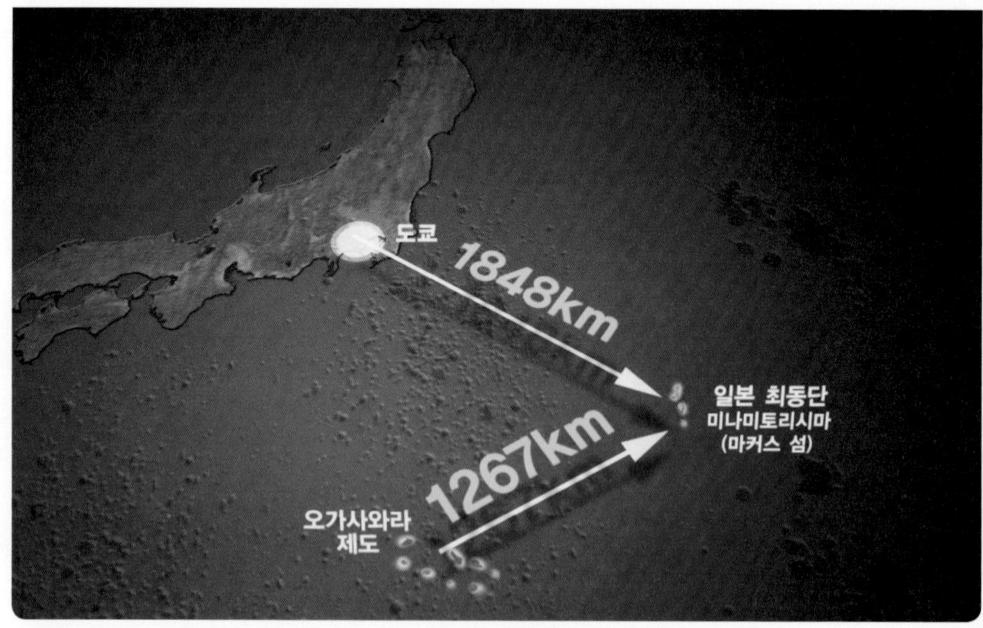

미나미도리시마의 위치

편입 과정과 상당히 유사한 점을 발견할 수 있다. 과연 무엇이 다르고, 무엇이 같을까?

미나미도리시마 사건

이 섬은 1860년 미국인 선교사에 의해 마커스 섬이라는 이름이 붙여졌고, 1874년 미국의 측량선이 이 섬을 측량한 기록이 있다. 그리고 1878년경 일본인 기요자에몬 사이토가 상륙하며 일본에도 섬의 존재가 알려졌다고 한다.

그런데 1889년 제임스 로즈힐 선장이 이끄는 상선이 우연히 마커스 섬에 도착하게 된다. 그는 이 섬에 대량의 코코넛과 비료로 사용할 수 있는 구아노(새의 분비물)가 있다는 것을 발견한 후, 미국 국기를 게양하고 미국의 영토가 되었음을 기록한다. 하지만 로즈힐은 이후 한동안 마커스 섬 영토 편입 신청을 공식적으로 진행하지 못하고 있었다. 그 사이 미주타네 신로쿠라는 자가 마커스 섬에 상륙했다가 수없이 많은 신천옹(짧은 꼬리 알바트로스)이 서식하는 것을 보고 포획을 계획한다. 1897년 미주타네는 귀국하자마자 마커스 섬에서의 어업 및 포획을 위한 경영 신청서를 제출한다. 이를 검토한 일본 정부는 마커스 섬을 '미나미도리시마'로 개칭하고 오가사와라 제도의 일부라 주장하면서 1898년 자국 영토로 편입하고, 그해 7월 24일 도쿄 지사가 섬의 편입을 고시했다.

그런데 이 과정에서 오가사와라 편입 때와 달리 주변국에 공문을 보내는 등의 과정이 생략되었고, 일본의 영토 편입 사실을 알리 없는 로즈힐이 본격적으로 마커스 섬에서 활동을 시작하려고 움직이면서 미나미도리시마 사건을 일으키게 된다.

미나미도리시마 사건의 개요는 이렇다. 주미일본대사를 통해 로즈힐 선장이 미국 정부로부터 마커스 섬에 대한 권리를 허락받아 원정대와 함께 출발한다는 소식이 일본 정부에 전해졌다.

이에 일본은 "미나미도리시마에서 일본인 미주타네가 새 사냥과 어업에 종사하고 있고, 어조 포획의 목적에 따라 일본인 40~50명이 거주하고 있다"는 사실을 미국 정부에 통보하고, 마커스 섬에 대한 로즈힐의 권리 허가를 취소해 달라고 요청했다. 동시에 군함을 급파하여 만일의 사태에 대비했다. 일본의 발빠른 대처로 로즈힐이 마커스 섬에 도착했을 때는 이미 주일미국공사로부터 "현지에서의 충돌을 피하고 미·일 양국의 교섭에 맡기라"는 내용의 문서가 도착해 있었다.

이후 미국이 일본의 주장을 받아들여 마커스 섬의 영유권에 대해 이의를 제기하지 않으면서 사건은 마무리되었다.

_ 미나미도리시마 편입은 일본이 그 이후 여러 영토를 자국의 영토로 편입하는 방식의 선례, 일종의 매뉴얼을 만든 경우라고 볼 수 있습니다. 자국민이 그곳에 가서 경제 활동을 했다, 원래 우리 땅은 아니었지만 자국민이 경제 활동을 했기 때문에 비록 사인이긴 하지만 일본 국가가 그것을 차후에 추인함으로써 자국의 권리를 주장할 수 있는 상태에 있다는 거지요. 민간인의 활동을 근거로 마커스 섬을 자국의 영토로 편입한 것입니다. 그런 논리가 이후 독도 편입 때도 똑같이 사용된 것이라고 할 수 있습니다. _ 허영란 교수

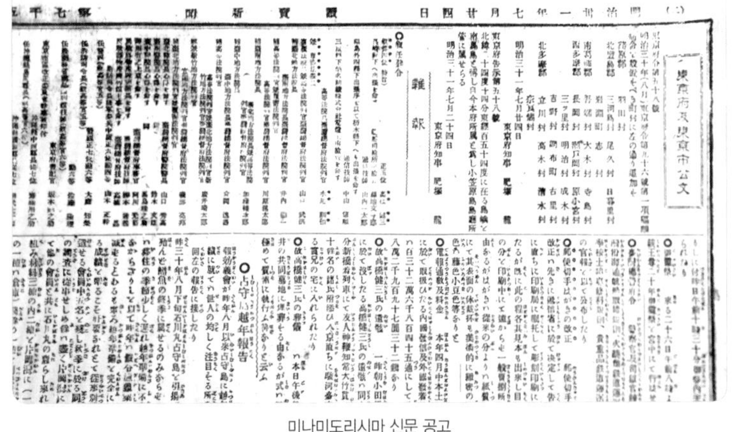
讀賣新聞　明治三十一年七月廿四日　(二)

東京府及東京市公文

東京府告示第五十八號
北緯二十四度十四分東經百五十四度に在る島嶼を南鳥島と稱し自今本府所屬小笠原島廳所管に屬せらる
明治三十一年七月二十四日　東京府知事　肥塚龍

미나미도리시마 신문 공고

이 사건에서 우리가 기억해야 할 것은 두 가지다. 첫 번째는 미나미도리시마의 편입 사실을 주변 국가에 제대로 알리지 않아 일본이 미국과 마찰을 빚었다는 사실이다. 공개적이고 공식적인 편입이라고 하기에는 너무나 부족한 절차였다. 이것은 일본 내부에서도 비판을 받은 기록이 있다.

:: '미나미도리시마 사건의 발생 직후에, 그것을 국제법학의 입장에서 검토한 도쿄제국대학의 국제법 연습(다카하시 사쿠에高橋作衛 교수)의 학생 보고 논문에서는, (…중략…) 일본 정부가 마나미도리시마의 영유를 도쿄부 고시에 의해서 공포하면서도 관계 각국에 통고하지 않았던 점에 대해서는 부족한 부분瑕疵이 있었다고 비판하고 있다. "말하자면 이것은 일본이 메이지 31년(1898) 7월의 점령 행위에 의해 미나미도리시마南鳥島에 대한 영토권을 획득하였는지 어떤지는 그 점령의 사실을 세계 각

미나미도리시마 관련 내용은 영남대학교 독도연구소의 연구보고서 중 다케우치 다케시의 『竹島=獨島問題「固有の領土」論の歷史的檢討』(다케시마-독도 문제 '고유의 영토론'의 역사적 검토)의 번역(2012.9.5) 가운데 '산음신문에 의한 보도' 133~136쪽(번역 김수희) 내용을 참고 및 인용.

국에 통지하였는지 어떤지의 한 가지의 결정에 정하여야 할 것으로 믿는다. 즉, 점령의 통지가 있는 경우에 있어서는 그 점령은 확정적으로 유효하지만, 그렇지 못할 경우에는 하자를 가진 것이라 말하지 않을 수 없다."* 또한 별도로, 사건 당시의 해군 군무국은 도쿄부 고시가 아니라 칙령으로 해두면 사건은 미리 막을 수 있었다고 인식하고 있으며, 적어도 '외무성에 의해 고시를 발령한 것이 있었다면, 이것으로 분의紛議를 미연에 방지할 수 있지 않았나 생각한다…'라며 정부 절차의 실수를 비판하고 있었다고 한다(平岡昭利,「南鳥島の領有と経営」둔歷史地理 · 第45巻 4號 수록, 6쪽).

두 번째로 기억할 것은 일본이 주장한 미나미도리시마 편입의 근거다. 무주지인 섬에서 일본인이 먼저 경제 활동을 했고, 임대를 요청했기 때문에 영토로 편입했다는 것이다.

일본이 내세운 마커스 섬(미나미도리시마) 영토 편입의 근거

마커스 섬	독도
새 사냥과 어업에 종사하던 미주타네가 무주지인 섬에서 사업을 하기 위해 정식 임대해 달라는 요청에 따라 편입 후 임대.	나카이 요사부로가 무주지에서 강치잡이 독점 경영권을 위해 섬을 임대해 달라는 요청을 하여 편입 후 임대.

_ 기본적으로 미나미도리시마와 독도에 대한 논리가 똑같습니다. 두 개 다 무주지라는 거지요. 무주지, 즉 주인이 없는 땅이었기 때문에 자국의 민간인이 가서 활동한 것이 영토권을 주장할 수 있는 근거가 된다는 게 공통점입니다. 미나미도리시마에 대해서는 미주타

네라는 사람이 사냥에 종사했다는 행위에 근거해서 영토로 편입하겠다고 한 것이죠. 독도의 경우도 동일한 구조입니다. 나카이 요사부로가 주인 없는 땅인 독도에서 강치잡이를 한 것이 일본이 자국의 영토로 편입할 수 있는 근거라는 거죠, 완전히 똑같습니다. _ 허영란 교수

무인도로 추정되는 섬에서 자국민이 경제 활동을 했다는 증거가 있기 때문에 일본의 영토로 삼았다는 뜻인데, 먼저 미주타네가 어떤 인물인지 알아보기로 하자. 그는 요코하마에 기지를 두고 태평양의 섬을 돌아다니며 새를 잡아 깃털과 기름을 판매하던 불법 수렵자였다.

1903년 이들이 하와이 열도, 미드웨이 섬 등에서 행한 조류 대량학살이 미국 야생동물보호협회National Audubon Society를 통해 알려지자, 미국 정부는 이 문제 해결을 일본 외무성에 공식 요청하기에 이른다. 당시 외무성 담당자인 고무라 준타로의 회신 내용을 보자.

:: "모든 일본 함장들에게 미국 영토 내에서의 조류 포획을 금지하도록 지시를 내렸다. 하지만 이 사람들(미주타네를 가리킴)은 대체로 불법적인 모험자들로 구성되었기 때문에 금지령을 듣지 않을 것이다." ⌟

이 문제를 어떻게 보아야 할까? 자국의 지시를 따르지 않는 불법을 행하는 자들이라고 하면서도 외무성은 그들이 점거, 이용하였다는 이유를 들어 마커스 섬을 자국의 영토로 편입했고, 이를 정당하다고 주장하고 있다.

1898년의 마커스 섬(미나미도리시마) 편입 과정을 살펴보면 1905년 독도 편입 과정과 같은 유형의 영토 취득 전략이라는 사실을 알 수 있다. 먼저 이웃 나라의 영토라는 것을 무시하고 무조건 이주하는 형태로 시작된다. 그 후 이주자들의 활동과 그들의 개인 문서 등을 이용해 국가가 영토 편입의 합법성을 주장하는 것이다. 실제로 19세기 말 울릉도로 이주한 수많은 일본인이 있었고, 그들을 관리한다는 명목으로 일본 경찰이 거주하기도 했다. 만일 울릉도 쟁계와 1900년 고종의 칙령을 통해 울릉도를 대한제국의 땅으로 확인하지 않았다면, 울릉도부터 일본의 영토 편입 전략에 따라 일본의 영토가 되어 있을지도 모른다. 19세기 말 일본의 울릉도 침탈은 실패하지만 1905년 독도를 기점으로 새로운 침탈을 성공시킨 것이다.*

_ 일본은 국내법에 따라서 합법적으로 독도를 편입했다고 주장합니다. 그러나 이것은 독도가 무주지라는 전제 하에서만 성립하는 국내법적 절차입니다. 만약 독도가 분쟁 대상지였거나, 더구나 한국이 그 땅에 대해서 칙령 41호를 발표한다든가 또는 자국의 영토라고 생각하고 일련의 관리 행위를 하고 있었던 사실이 명백하다면 '무주지이므로'라면서 편입 조치를 진행한 절차의 출발 자체가 성립하지 않는 거지요. 일본은 동일한 매뉴얼을 적용했지만, 출발부터 독도와 미나미도리시마가 동일하지 않다는 것 때문에 지금까지 문제가 계속되고 있는 것입니다. 그런 의미에서 일본이 그 당시 이미 국제법적으로 아무 문제가 없다고 하는 것은 어떻게 보면 부분적이거나 사실의 한 부분을 접고 하는 얘기라 할 수 있습니다. 근본적으로 이 문제를 바라보는 관점 자체를 왜곡하고 있는 거지요. _ 허영란 교수

* '일본의 마커스 섬 편입과 독도' 참고 및 인용(출처 : www.dokdo-takeshima.com).

일본은 미나미도리시마를 편입하면서 만든 매뉴얼을 독도 편입에 대입했다. 그러면서도 미나미도리시마 편입 과정에서 저지른 잘못을 고치려 하지 않았다. "점령 사실을 세계 각국에 통지"하지 않은 것이 문제라는 사실을 인정하면서도 독도는 비밀리에 편입한 것이다. 이미 한반도 전체를 목표로 삼고 있던 일본으로서는 독도 편입 사실을 주변 국가들에 알려 괜히 이목을 끌고 싶지 않았을 것이다. 행여 다른 강대국의 반대에 부딪히게 될지도 모를 일이었다. 일본은 울릉도 대신 약한 고리였던 독도를 조용하고 은밀하게 떼어내 차지함으로써 한반도와 대륙을 침탈할 발판을 마련하고자 했던 것이다.

일본의 독도 편입은 합법적인 절차라 하기엔 필요조건을 다 갖추지 못했을뿐더러, 독도가 무주지였다는 전제 자체가 잘못되었다는 것이 자명해졌다. 따라서 일본이 주장하는 1905년의 독도 편입은 어디까지나 강제 편입, 즉 한국의 영토를 침탈한 행위일 뿐이다.

그런데도 그것이 마치 전쟁과는 아무 상관도 없는 합법적인 행위였던 양 국제법에 의거해 자신들의 소유권을 되찾겠다고 주장하는 일본의 속내는 무엇일까. 일본이 아직도 독도를 포기하지 못하고 도발을 일삼는 그 욕망의 뿌리에는 무엇이 있을까. 우리와 일본 사이의 독도전戰은 아직 끝나지 않았고, 17세기 울릉도 쟁계, 19세기 제국주의 전쟁에 이은 21세기의 독도전傳 역시 아직 완결되지 않았다.

'삼국접양지도'에 등장하는 울릉도와 독도

– 죽도와 송도는 '조선의 것'

+

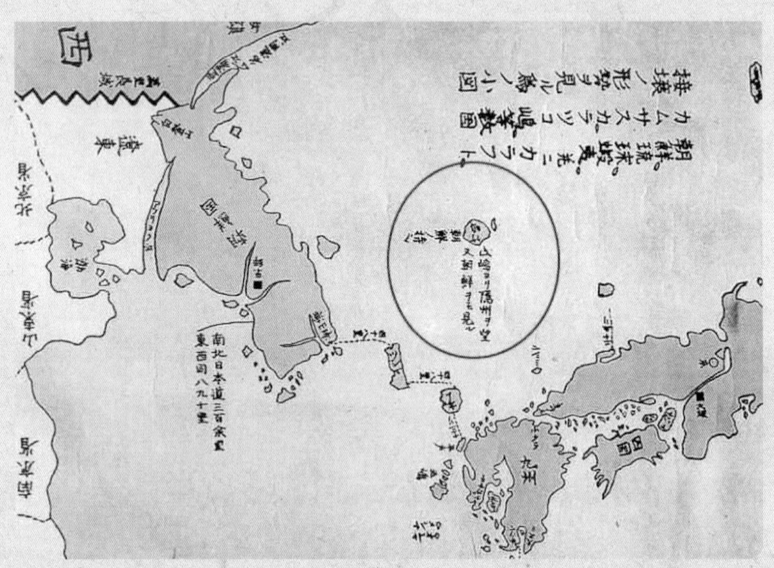

삼국접양지도 일어판에서 울릉도·독도를 확대한 부분. 두 개의 섬이 '조선의 것'이라는 설명이 붙어 있다.

오가사와라 편입의 결정적 증거가 되었던 삼국접양지도에는 울릉도와 독도 또한 등장한다. 만일 일본이 대외적으로 자국의 역사적 영토권을 주장할 정도로 공신력 있는 지도라면, 이 지도 속의 울릉도·독도의 소속 역시 그 공인성을 인정받아야 할 것이다. 삼국접양지도에서 조선과 일본 사이 동해를 보면 두 개의 섬이 그려져 있고, '조선의 것'이라는 설명이 덧붙여져 있다. 동해 바다에 있는 두 개의 섬이라면, 이는 분명 울릉도와 독도이다.

그러나 일본은 이 두 섬이 울릉도와 울릉도 동편의 작은 섬 '죽도'를 가리키는 것이라고 주장해왔다. 하지만 삼국접양지도처럼 넓은 지역을 포괄하는 지도를 그리면서 현재의 죽도같이 울릉도에 근접하여 누가 보아도 울릉도의 부속도서임을 아는 섬을 굳이 그릴 필요가 있었을까? 하야시 시헤이가 그린 이 두 섬은 울릉도와 독도라고 보는 것이 타당하다.

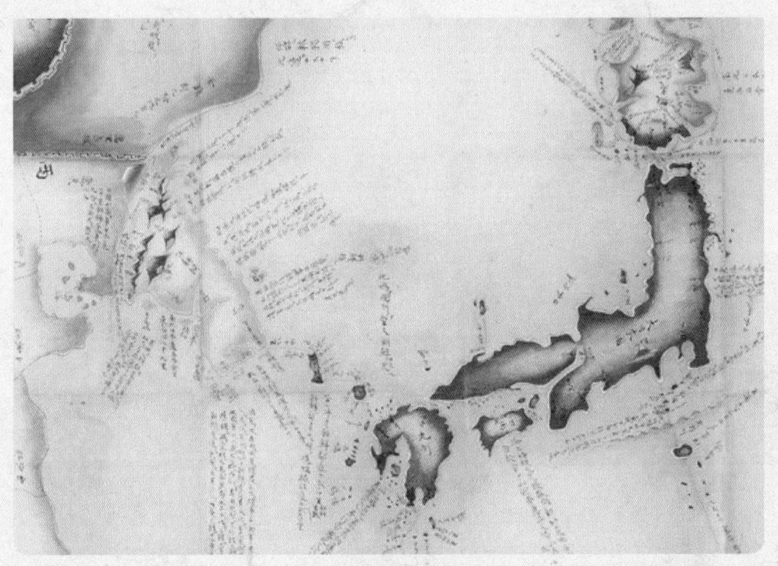

하야시 시헤이가 제작한 1802년판 대삼국지도. 죽도와 송도를 둘러싼 논쟁을 끝내줄 귀한 자료다.

최근 이 논쟁을 끝내줄 귀한 자료가 발견됐다. 하야시 시헤이가 제작한 1802년판 '대삼국지도'다. 하야시 시헤이는 이 지도에서도 삼국접양지도와 마찬가지로 '조선의 것'이라는 글과 함께 동해상에 두 개의 섬을 그렸다. 그리고 섬 위에 '죽도'와 '송도'라는 명칭까지 정확하게 기재했다. 동해상의 두 개의 섬이 무엇을 뜻하는지 분명해진 것이다.

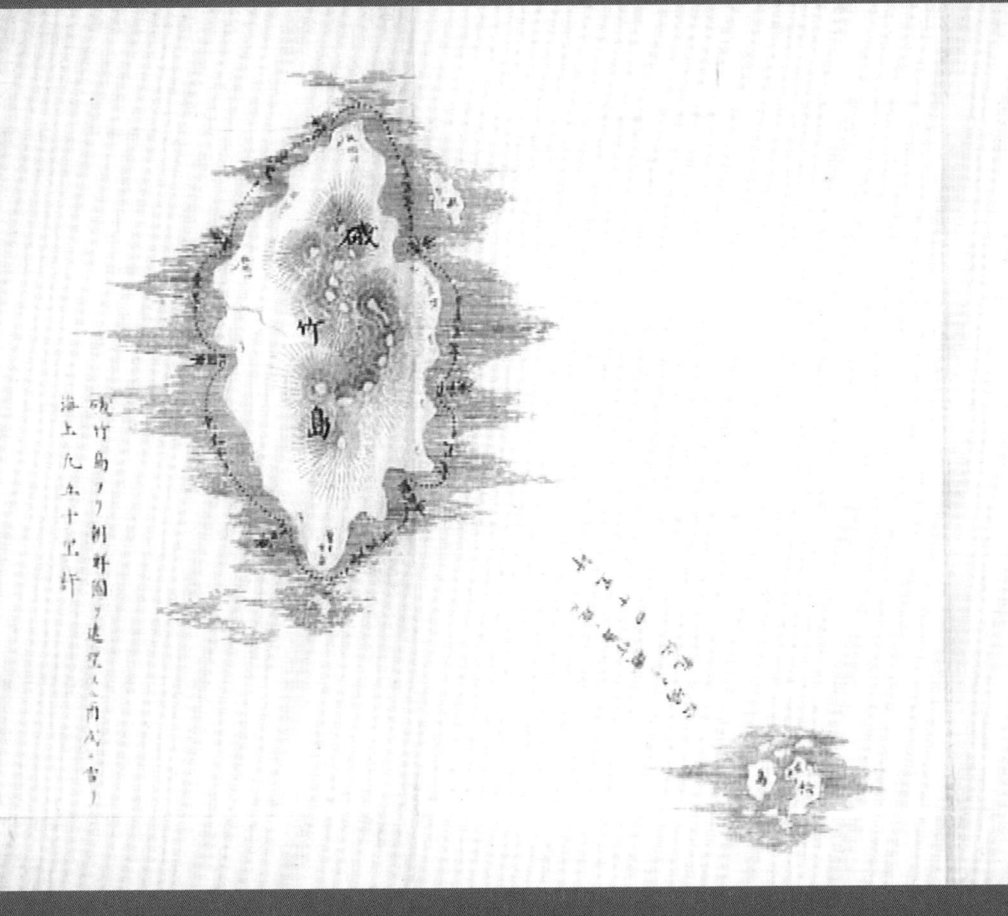

3장

21세기 새로운 독도戰의 시작

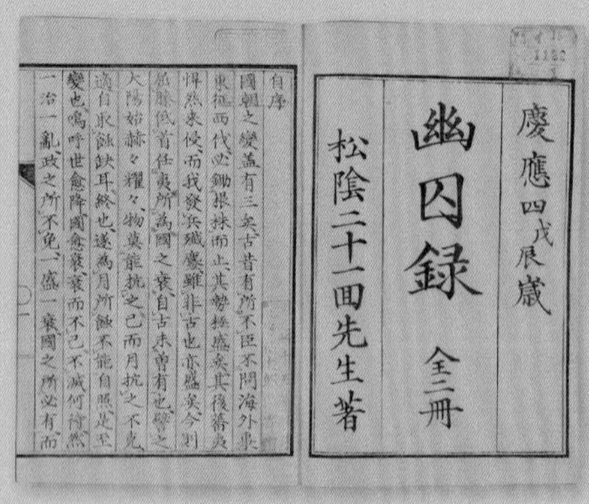
慶應四戊辰歳
幽囚録 全二冊
松陰二十一回先生著

自序
國朝之變蓋有三矣古昔有所不臣不問海外乘
東征西伐必鋤根抹而止其勢極盛矣其後蒋夷
悍然來侵而我發兵殲鏖雖非古也亦盛矣今則
墨魯俄首伍夷所爲國之衰自古未曾有也譬之
大陽始赫々耀々物莫能抗之已而月抗之不克
適自取蝕缺耳終也遂爲月所蝕不能自照是至
變也嗚呼世愈降國愈衰衰而不已不滅何待然
一治一亂政之所不免一盛一衰國之所必有而

+ 요시다 쇼인의 『유수록』

조선과 만주를 지배하려면

다케시마를 발판으로 삼아야 한다.

–

1858년 요시다 쇼인

일본 제국주의 사상의 뿌리, 요시다 쇼인

일본에서 가장 큰 섬 혼슈 서부의 한적한 시골 마을 야마구치 현 하기 시. 막부 시절의 고적을 그대로 간직하고 있어 관광도시로 유명한 이곳은 옛 조슈번(長州藩 : 현재의 야마구치 현)의 도읍지였다.

그런데 일본 내에서 하기 시는 관광도시 그 이상의 의미를 지니고 있다. 이곳은 일본의 근대화와 함께 아시아 침략과 조선의 식민지화에 앞장선 이토 히로부미의 고향이기도 하다. 일본 정치·경제의 중심지 도쿄에서 멀리 떨어진 곳이지만 이토

일본 야마구치 현 하기 시 지도

이토 히로부미의 고향이기도 한 하기 시

히로부미를 비롯해 무려 여덟 명의 일본 총리가 이곳에서 배출되었다. 조슈번은 어떻게 일본 정치계의 핵심이 되었을까. 그것은 1850년대로 거슬러 올라간다.

메이지 유신의 태동지, 조슈번

1854년 미국의 동인도함대 페리 제독에 의해 강제로 문호를 개방하게 된 일본에서는 무력한 막부 정권에 대한 불만이 고조되었다. 막부 체제를 끝내고 존왕양이(尊王攘夷 : 왕을 높이고 오랑캐를 배척한다는 뜻)를 통해 새로운 일본으로 재편되어야 한다는 주장이 일본 곳곳에서 터져나왔다.

이러한 요구를 실현시킴으로써 막부에 대항할 강력한 반체제 세력으로 성장한 두 지역이 사쓰마번(薩摩藩 : 현재의 가고시마 현)과 조슈

+

요시다 쇼인 신사와 요시다 쇼인의 초상화

번이다. 이 두 지역은 1866년 사쵸 동맹(사쓰마-죠슈 동맹)을 통해 막부에 반대하는 세력을 규합, 1867년 막부 체제를 끝내고 왕정을 복고시킨 메이지 유신을 성공시켰다. 에도 막부 타도 운동을 시작으로 일본의 근대화를 이끈 메이지 유신이 바로 이곳 조슈번에서 시작된 것이다. 그리고 그 중심에는 하기 시의 사상가 요시다 쇼인吉田松陰이 있었다. 메이지 유신의 주요 인물들을 키워낸 스승이자, 정신적 지주가 바로 요시다 쇼인이다.

이토 히로부미의 생가와 요시다 쇼인의 신사

하기 시에는 이토 히로부미의 생가뿐 아니라 요시다 쇼인의 신사神社가 자리 잡고 있다. 상당한 크기의 신사와 쇼인 기념관, 황태자 부부의 방문기념비 등만 봐도 일본 내 요시다 쇼인이 어떤 위치를 차지하고 있는지 짐작할 수 있다. 신사 입구에는 '메이지 유신의 태동지'라고 새겨진 거대한 비석이 서 있다. 근대 산업 국가, 나아가 제국주의 일본을 있게 했던 메이지 유신이 바로 요시다 쇼인과 함께 태동했다는 것이다. 요시다 쇼인, 그는 어떤 인물이었을까?

_ 요시다 쇼인은 하급 무사의 아들이었습니다. 이 사람은 열한 살 때 천재적인 실력으로 동양 학문을 독파하죠. 그리고 열한 살 때 실제로 병법 강의를 시작합니다. 그는 일본 에도 막부 시대 말기인 1850년대 전후 일본 사회의 피폐해진 모습을 보고 '아,

전계완 정치평론가

이렇게 가서는 일본이 안 된다. 어떻게 하면 우리 일본을 다시 일으켜 세울 것인가' 집중적으로 고민하면서 스스로 학문적 깊이를 더해 갔습니다. 그러다 1835년 미국의 페리 함대가 일본에 진출하는 모습을 보고는 '아, 서양 문물을 배우지 않고서는 일본이 더 이상 존재할 수 없다. 일본의 구 봉건 체제인 막부 체제를 무너뜨리고 천황을 중심으로 새로운 일본을 건설해야겠다'는 집념을 가지게 됩니다. 그는 자신의 사상을 정리하면서 막부 체제를 깨기 위해 적극적인 저항 전선에 나섰다가 스물아홉 살의 나이에 처형되고 맙니다. 문제는 이 사람이 처형되기 10여 년 전에 지금의 야마구치 현 하기 시에 쇼카손주쿠松下村塾라는 사설 학당을 열고 제국주의자들을 본격적으로 양성했다는 겁니다.

1830년에 태어나 1859년에 짧은 생을 마쳤지만, 그는 사상가이자 교육가로 일본 우익들의 사상 형성에 지대한 영향을 끼침으로

요시다 쇼인의 제자들

써 '조슈 군벌의 아버지'로 평가받는다. 그가 메이지 유신의 선구자라 불리는 이유는 제자들의 면면만 봐도 쉽게 알 수 있다.

막부를 타도하고 새로운 시대를 연 사쓰마와 조슈 출신의 인사들은 메이지 새 정부의 요직을 맡고, 일본 군벌의 핵심 세력이 된다. 사쓰마 출신은 일본 해군을, 조슈 출신은 일본 육군을 장악하는데, 요시다 쇼인의 제자들이 바로 그 주인공들이다. 초대 조선통감 이토 히로부미伊藤博文, 육군대장 야마가타 아리토모山縣有朋, 육군 중장 출신의 조선 주재 공사 미우라 고로三浦梧, 명성황후 시해사건의 주모자인 조선 주재 공사 이노우에 가오루井上馨, 초대 조선총독 데라우치 마사다케寺內正毅 등이모두 조슈번 출신이며, 요시다 쇼인의 제자들이다. 이들 조슈의 후예들은 스승 요시다 쇼인의 정한론 구상을 실천에 옮겼으며, 한반도 유린의 첨병이 되었고, 군국주의 일본의 핵심 세력이 되었다. 언뜻 보아도 일본 정치·군사계의 거물이 된 제자들. 이들을 키워낸 요시다 쇼인 사상의 핵심은 무엇일까?

요시다 쇼인의 사상, 정한론과 제국주의로 발전

요시다 쇼인은 강제 개항을 겪으며 일본의 현 체제, 막부 정권의 무력함을 절감한다. 그는 일본이 다시 한 번 위대한 일본이 되기 위해서는 만세일통의 천황을 중심으로 단합하여 막부 체제를 종식시키고, 서구 열강에 대항해야 한다는 존왕양이 사상에 심취했으며, 제자들에게도 이를 교육시켰다.

그의 이러한 사상이 정한론과 제국주의로 발전한 것은 그가 어린 시절부터 『일본서기』에 등장하는 신공황후神功皇后의 삼한정벌,

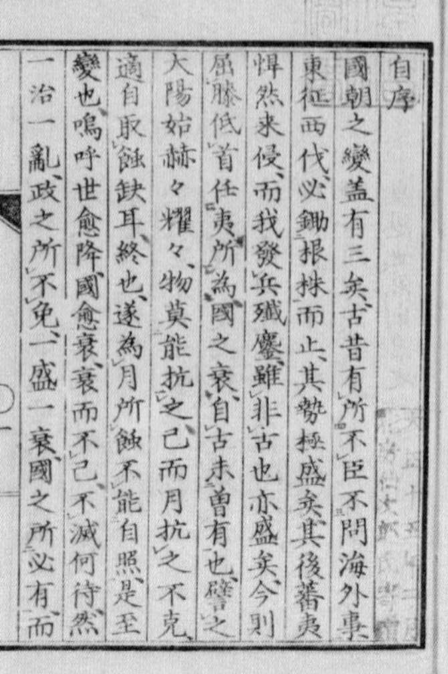

+

요시다 쇼인의 사상적 배경과 지향이 담긴 『유수록』

임나일본부설 같은 허구적 기술을 사실로 믿으며 조선을 일본의 속국, 되찾아야 할 일본의 속지로 생각한 것에서 기인했다고 할 수 있다. 요시다 쇼인은 일본이 위기를 극복하기 위해서는 서구의 학문을 수용해야 한다고 주장했고, 그의 제자들 역시 스승의 학문적 유지를 충실히 따라 격동기 일본의 핵심 세력으로 성장했다.

_ 요시다 쇼인은 일본이 중심이라는 사상을 가지고 어떻게 하면 서양으로부터 받았던 피해를 보상받을 것이냐 궁리한 끝에 그 첫 번째 대상으로 조선을 꼽았던 것입니다. 조선을 통해서 중국 대륙으로 진출하고, 만주를 삼키고, 또 남쪽으로는 필리핀까지 삼켜야겠다는 계획을 세운 것입니다. 그리고 이것을 사상적으로 정리하고 정책적 구상을 담은 『유수록』을 남김으로써 자신의 후학들, 대표적으로 이토 히로부미나 야마가타 아리토모 같은 사람들이 제국주의 전쟁, 침략의 역사를 써내려가는 지침서로 활용하게 됩니다. 그 책의 핵심은 일본이 중심이고 조선은 얼마든지 멸시해도 되는 대상이고 국가라는 거죠. 이처럼 요시다 쇼인은 도요토미 히데요시의 임진왜란도 역사적 필연이고, 일본이 조선을 침공하고 속국화하는 것은 정당하다는 주장을 폈던 인물입니다. _ 전계완 정치평론가

1854년 25세의 요시다 쇼인은 미국 밀항을 계획하다 발각되어 조슈번의 감옥에 갇히게 되는데, 이 시기에 쓴 『유수록』에는 그의 사상적 배경과 지향점이 고스란히 담겨 있다.

:: 무력 준비를 서둘러 군함과 포대를 갖추고 즉시 홋카이도를 개척하고, 오키나와(류큐)와 조선을 정벌하여 북으로는 만주를 점령하고, 남으로는 타이완과 필리핀 루손을 노획하여 옛 영화를 되찾기 위한 진취적인 기세를 드러내야 한다. ┛

요시다 쇼인은 『유수록』을 통해 홋카이도와 오키나와 그리고 조선, 대만, 필리핀을 차례로 지배해야 한다고 주장했다. 이것은 훗날 일본이 수행한 제국주의 침략 전쟁의 경로와 일치한다. 요시다 쇼인의 사상이 '정한론'과 '대동아공영론' 형성에 지대한 영향을 미쳤고, 그의 제자들이 일본 제국주의의 선봉장이 되어 스승의 사상을 충실히 실천에 옮긴 결과다.

그런데 쇼인이 남긴 사상과 비전 중에 우리가 주목해야 할 내용이 따로 있다. 일본이 아시아를 지배하기 위해 가장 먼저 해야 할 일이라고 남긴 과제다. 과연 요시다 쇼인이 남긴 과제가 무엇이었을까?

울릉도 정벌

—

아시아 침탈의 발판, 다케시마

요시다 쇼인은 제자들에게 조선과 만주를 정벌하기 위해 가장 먼저 해야 할 과제가 있다고 했다. '다케시마', 즉 울릉도 정벌이다. 일명 '다케시마 개척론'. 요시다 쇼인의 이러한 생각은 제자 가쓰라 고고로(桂小五郎 : 후에 '기도 다카요시'로 개명. 도쿠가와 막부를 종식시키고 메이지 유신을 성공시킨 인물)에게 보낸 편지에 고스란히 드러나 있다.

:: 죽도(조선의 울릉도) 개간의 계책이 있다. 이 일은 막부의 허락을 얻어 에조(홋카이도)와 같이 된다면 때는 다르지만 명나라 말의 정성공의 공을 세울 수 있다고 생각한다 (…중략…) 천하가 무사하고, 막부에 이익이 되어 먼 나라를 칠 계략을 서두를 때에는 우리 번에서는 조선과 만주를 정벌할 수밖에 없다. 그리고 조선과 만주를 차지하기 위해서는 죽도(울릉도)가 첫 번째 디딤돌이 될

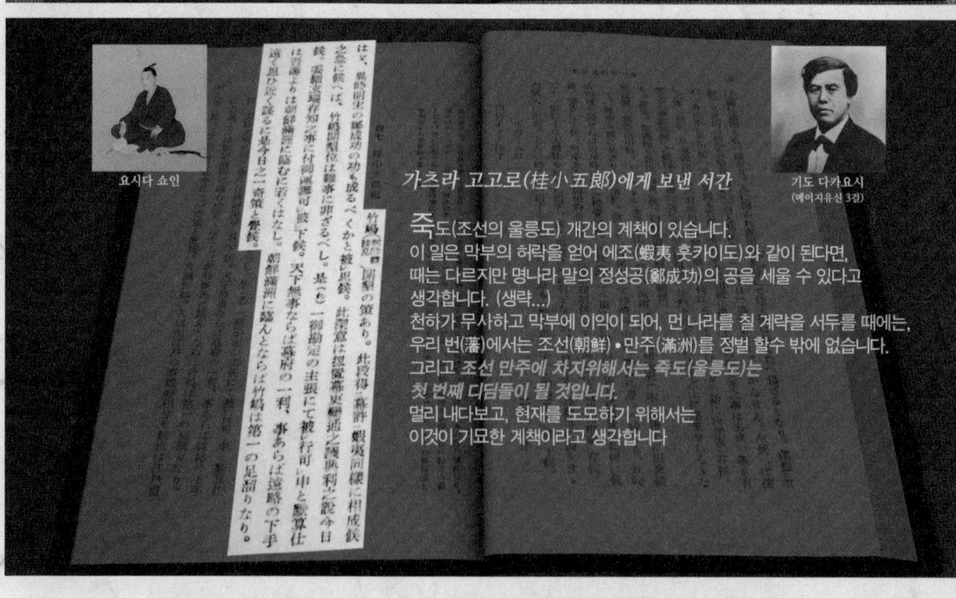

+

요시다 쇼인의 서간집 중 가쓰라 고고로에게 보낸 편지

것이다. 멀리 내다보고 현재를 도모하기 위해서는 이것이 기묘한 계책이라 생각한다. _ 가쓰라 고고로에게 보낸 편지

조선과 만주를 차지하려면 다케시마, 즉 울릉도를 발판으로 삼아야 한다는 것이 요시다 쇼인의 생각이었다.

_ 요시다 쇼인의 주장인즉 17세기 말의 울릉도 쟁계는 에도 막부의 실책이다. 지금 생각하면 그때 왜 울릉도를 장악하지 않았는가, 굉장히 기분 나쁜 일이며 군사적 실패라는 겁니다. 그리고 조선을 침략할 때는 울릉도를 발판으로 해서 들어가야 한다고 말합니다. 울릉도에서 군사훈련도 하면서 들어가야 한다는 거지요. 요시다 쇼인은 이처럼 당시 말하는 다케시마, 즉 울릉도를 장악해야 한다는 얘기를 하기 시작했습니다.

_ 호사카 유지 교수

조선과 만주 정벌의 거점, 울릉도

요시다 쇼인과 그의 제자들은 17세기 울릉도 쟁계의 전말을 알고 있었다. 그럼에도 조선과 만주를 정벌하기 위해 거점으로 삼아야 할 군사적 요충지, 울릉도를 탐냈던 것이다. 요시다 쇼인은 막연한 정한론이 아니라 구체적 실천까지 염두에 두고 있었으며, 그 첫 번째 목표가 울릉도 개척이었다.

그리고 몇 년 후 쇼인의 제자, 기도 다카요시木戶孝允는 실제로 메이지 신정부에 죽도(울릉도) 개척 의견을 제안하기도 했다. 하지만 울릉도 개척을 위해 준비했던 증기선이 사고로 출발이 차일피일 미루어지는 바람에 그의 건의는 무산되고 말았다.

_ 이를 보더라도 일본이 울릉도를 일차적으로 점령하고 그다음에 조선과 만주를 차례차례 정벌하겠다고 한 것은 단순히 일시적으로 어떤 계획을 세워서 실행한 것이 아니라 치밀하게 조선 멸시관을 바탕으로 조선 침략 계획을 세운 뒤, 울릉도를 일차적인 목표로 삼았다는 것을 알 수 있습니다. 그런데 자기 내부의 문제로 울릉도 계획이 실패하게 된 거죠. 그래도 조선 점령 정책을 포기하지 않고 계속 추진하여 결국 1910년에 강제병합을 이뤄내는 결과를 낳았다고 볼 수 있습니다. _ 전계완 정치평론가

요시다 쇼인은 일본인들이 울릉도 쟁계 이후 잊어버렸던 죽도, 즉 울릉도를 다시 꺼내어 역사의 지도 위에 올려놓았다. 일본인들은 다시 한 번 울릉도로 항해하기 시작했고, 울릉도를 넘어 조선 정벌을 향해 가고 있었다.

_ 일본이 1862년 메이지 유신 이후에 한일합방, 1910년까지 50년 동안의 짧다면 짧고 길다면 긴 시간 동안 완벽할 정도의 제국주의 해양 침탈에 본격적으로 체계 있게 나갔다는 것을 우리는 확실히 기억해야 합니다.
_ 주강현 교수

일제강점기 조선인 강제징용지 '군함도' 유네스코 세계문화유산 등재

그리고 또다시 한 세기가 흘렀다. 2015년 7월 아베 정부는 나가사키에 있는 미쓰비시 조선소와 106년 된 크레인, 그리고 해저 탄광이 있는 하시마 섬(일명 '군함도') 등 규슈와 야마구치 현에 있는 일본 근대 산업 시설 23곳을 유네스코 세계문화유산으로 등재시켰다.

그런데 이 23곳 중 7곳이 일제강점기 조선인들이 강제로 동원

되어 노역을 했던 곳이다. 특히 우리나라에서 가장 크게 문제 삼았던 군함도는 강제로 끌려간 조선인이 800여 명이고, 그중 122명이 사망한 곳으로 알려져 있다. 근대 산업 시설이기 이전에 제국주의와 침략 전쟁의 흔적들인 것이다.

그럼에도 일본은 이 모든 것들을 오로지 산업혁명의 유산들로만 홍보하고 있다. 더 놀라운 사실은 이번에 유네스코 세계문화유산으로 등재된 곳 중에 요시다 쇼인의 사설 학당인 쇼카손주쿠도 포함됐다는 것이다. 일본은 요시다 쇼인을 근대화의 주역이자 일본 군국주의 사상의 기초를 만든 인물이라고 평가하지만, 우리에게는 제국주의 침탈의 역사를 만든 장본인일 뿐이다. 요시다 쇼인의 쇼카손주쿠는 제국주의자들을 길러내어 세계를 참혹한 전쟁에 휘말리게 만든 시발점이기도 하다. 게다가 산업혁명과는 전혀 상관 없는 사설 학당이다.

일제강점기 조선인들이 강제로 끌려가 노역을 했던 군함도가 2015년 7월 유네스코 세계문화유산으로 등재되었다.

그런데도 아베 정부는 쇼카손주쿠를 야마구치 현 근대화 산업 유산 사이에 끼워 넣어 유네스코 세계문화유산에 등재시켰다. 침략주의와 제국주의의 상징과도 같은 곳을 세계문화유산으로 만든 것이다. 학생들을 가르치던 학당을 산업 유산 사이에 슬쩍 끼워넣으면서까지 세계문화유산에 등재시킨 일본의 속내는 무엇일까. 이제 그 욕망의 본질을 파악해 볼 차례다.

일본의 독도 도발, 그 욕망의 본질

메이지 유신 이후 조슈번은 요시다 쇼인의 제자들을 통해 일본 정치의 중심지로 자리 잡아 갔다. 그리고 현재 옛 조슈번이었던 야마구치 현은 57명의 총리 중 8명을 배출하며 일본에서 가장 많은 총리를 배출한 지역으로 유명해졌다. 8명의 총리는 바로 이토 히로부미, 야마가타 아리토모, 가쓰라 다로桂太郎, 데라우치 마사타케, 다나카 기이치田中義一, 기시 노부스케佐藤信介, 사토 에이사쿠佐藤榮作, 그리고 아베 신조安倍晋三다. 특히 기시 노부스케는 2차 세계대전 A급 전범으로 아베 총리의 외조부이다.

조슈번의 정치 명문가 출신인 아베 총리는 군국주의 정치가였던 외조부 기시 노부스케의 정치 자산을 물려받았고, 그 사상적 뿌리는 요시다 쇼인으로 거슬러 올라간다. 아베 총리가 가장 존경하는 인물로 요시다 쇼인을 꼽고 그의 신사에 참배하는 모습이 언론에 보도되기도 했다. 요시다 쇼인의 신사에서 아베 총리가 한 말은 "결심을 다지겠다"는 것이었다. 그의 결심은 도대체 무엇일까.

_ 제국주의 침략 전쟁을 사상적으로 완성한 요시다 쇼인을 가장 존경하는 인물로 꼽고 이 사람의 정신을 계승해서 결심을 다지겠다고 하고, 곧이어 야스쿠니 신사 참배를 감행하는 것을 보면 아베 신조 일본 총리의 본색이 과연 무엇이냐는 질문을 던지지 않을 수 없습니다. 이것은 결국 군국주의, 우경화의 길을 가겠다는 선언입니다. 동시에 그것의 결과는 어느 나라에서든 한반도를 둘러싸고 국지적인 침략 행위가 일어날 가능성을 내포하고 있다고 생각합니다. _ 전계완 정치평론가

2012년 아베는 '일본을 되돌리자'라는 슬로건으로 총리에 당선되었다.

다시 '전쟁할 수 있는 나라'가 된 일본

2012년 아베는 '일본을 되돌리자'라는 슬로건으로 총리에 당선되었다. 아베와 그를 뽑은 일본인들이 되돌리고 싶은 일본의 모습은 어떤 것일까. 세계 2위의 경제대국으로 성장해 주변국들이 쳐다볼 수도 없을 정도로 앞서가던 1980년대일까. 아니면 제국주의의 이름으로 주변 국가들을 침탈하며 광활한 영토와 함께 식민지에서 수탈해 온 자원으로 부를 축적해 가던 1900년대일까. 어느 쪽이든 심각한 경기침체를 20년 이상 겪고 있는 일본인들에겐 달콤한 추억일 것이다.

아베는 '잃어버린 20년을 되찾자', '강한 일본을 되돌리자' 같은 문구로 지지층을 끌어모았다. '강한 일본'이라는 말 속에는 경제·문화·국방 등 여러 가지 측면이 모두 담길 수 있지만 아베 신조가 강조하는 '강한 일본'이라는 말은 아무래도 그 뉘앙스가 꺼림칙하다.

아베에게 많은 영향을 끼친 외조부 기시 노부스케는 A급 전범으로 복역, 출소한 후 일본의 대표적인 극우 정치인으로 활동했다. 그는 '강한 일본'을 추구하면서 평화헌법을 자주헌법으로 개정해야 한다고 주장했다. 취임 이후 한결같이 침략전쟁사와 평화헌법을 부정하는 발언을 해왔던 아베 총리는 요시다 쇼인의 제자들이 그의 가르침을 따라 정한론을 실행에 옮긴 것처럼, 외조부 기시 노부스케의 주장을 실행에 옮기려는 듯 보인다.

아베 정부는 지난 2014년 7월 "집단적 자위권을 행사해도 평화헌법에 어긋나지 않는다"며 집단적 자위권 용인을 위한 각의 결정을 내렸다. 그리고 1년 만인 2015년 7월 16일, 집단적 자위권 행사

등을 주요 내용으로 하는 안보법제를 중의원에서 통과시켰다. 사실상 집권 여당의 수적 우위를 이용한 날치기 통과였지만 아베 총리의 바람대로 전쟁 가능 국가로 한 발 더 나아간 것이다.

그리고 마침내 9월 19일 참의원 본회의에서 안보법제를 통과시킴으로써 일본은 70년 만에 다시 '전쟁할 수 있는 나라'가 되었다.

집단적 자위권(긴밀한 유대 관계를 가진 국가들 중의 어떤 나라가 제3국으로부터 무력 공격을 받았을 때 이를 스스로에 대한 공격과 동일한 것으로 간주하여 반격할 수 있는 권리를 말함)을 행사하겠다는 것은 군사적으로 강한 일본이 되겠다는 뜻이다. 공격에 대한 방어만 거듭 강조하며 가급적 빨리 문단속을 해야 일본을 노리는 위험 요소를 줄일 수 있다고 설득하는 것이다. "전쟁

집단적 자위권과 관련해 기자회견을 하고 있는 아베 총리

이 가능한 국가가 되어 평화를 지키겠다"는 말이 일본의 식민지배를 겪어야 했던 주변 국가들에게 과연 신뢰를 줄 수 있을까.

집단적 자위권을 갖게 되더라도 일본의 자위대가 우리나라에 함부로 주둔하는 일은 없을 것이라는 게 미국과 우리 정부의 공식 입장이다. 그러나 전시작전통제권이 오롯이 우리 손에 있지 않고, 미일안보조약과 방위협력지침에 의해 주한미군이 별도로 일본군 지원을 요청할 수 있다는 점 등을 감안하면 우리 정부의 요청 없이도 일본 자위대가 한반도에 상륙할 가능성을 완전히 배제할 수는 없다.

아베 정부는 문단속을 하겠다는 명분으로 헌법 해석을 바꿔 가면서까지 군사력을 확대하는 동시에 강제징용·일본군 위안부 문제 등을 외면하면서 침략전쟁사를 부정하고, 2차대전 후 한국이 독도를 점거했다며 끊임없이 영유권 시비를 걸어 오고 있다. 일본이 검은 속내를 감추고 차곡차곡 계획을 실행에 옮겨 나가는 동안 우리 정부는 어떤 대책을 세우고 있는 건지 묻지 않을 수 없다. 달라지는 정국에 대한 대응책은 세우고 있는 것일까.

아쉽지만 지금 우리 정부의 대응은 17세기 울릉도 쟁계가 시작될 당시 남인들의 행태를 떠올리게 한다. 정권 유지를 위한 책략에만 관심을 기울일 뿐 영토 수호 의지도, 백성과 국가의 안녕에도 무관심했던 집권세력 탓에 우리는 하마터면 울릉도까지 일본에 빼앗길 뻔한 역사를 알고 있다. 지금의 일본은 17세기, 19세기와 마찬가지로 전략적으로 독도를 노리고 있고 패전 이전의 '강한 일본'으로 되돌아가기 위해 안간힘을 쓰고 있다.

자위대를 방문한 아베 총리. 아베 정권은 강한 일본으로 되돌아가기 위해 군사대국화의 길을 걷고 있다.

그런데 우리는 어떠한가. 지난 두 차례의 독도전 모두 집권세력의 안일함과 무능함이 가장 큰 약점이었다면 21세기 독도전의 상황은 어떻게 볼 수 있을까.

– 구한말 상황과 지금 상황이 유사하다는 얘기가 많습니다. 두 가지 측면에서 그렇습니다. 첫 번째는 일본이 실제 움직이고 있는 상황에 대해서 우리 사회가 지나치게 과소평가하고 있다는 것입니다. 구한말 일본이 서양의 힘을 빌려 문물을 가져와서 조선 침략 계획을 세웠을 때 우리는 일본이 설마 조선을 침략하겠느냐고 생각했습니다. 지금 일본이 아베 정권 이후 군국주의를 노골화하며 군사대국화의 길을 가고 있으면서 상시적으로 독도 도발을 감행하고 있지만, 우리의 대응 태도는 너무나 안이합니다. 저들의 목적이 무엇인지 구체적으로 간파해 내야 한다는 측면에서 일본의 동향에 대해 120년 전이나 지금이나 제대로 모르고 있다는 것이죠. 두 번째는 구한말 당시 조선 사회나 지금 대한민국 사회 내부의 갈등

양상이 유사하다는 것입니다. 서양 문물을 받아들이고 적극적으로 개방할 것이냐, 아니면 철저하게 쇄국정책을 할 것이냐를 놓고 조선 사회는 갈기갈기 찢어졌습니다. 만약 일본 자위대가 미국과 함께 한국에 주둔하는 계획을 세운다면 우리 사회는 일본 자위대를 받아들입니까? 맙니까? 우리가 힘이 없다고 생각한 순간 받아들이자고 하는 세력 절반과, 받아들이지 말자는 세력 절반이 아마 우리 사회를 또다시 갈기갈기 찢어 놓을 것입니다. _ 전계완 정치평론가

갈수록 높아지고 있는 독도 도발 수위

취임과 동시에 요시다 쇼인의 신사와 야스쿠니 신사를 참배하고, 집단적 자위권 행사를 밀어붙이며 자신을 '우익 군국주의자'라고 불러도 좋다고 말한 아베 총리. 그가 취임 후에 지속적으로 증가시키고 있는 것은 군사력뿐만이 아니다. 독도에 대한 도발 수위 또한 차츰 높아지고 있다.

아베 정부는 집권 직후인 2013년 2월 22일 시마네현의 '다케시마의 날' 행사에 중앙정부 인사를 최초로 파견한 데 이어, 2015년까지 3년 연속 중앙정부 인사를 파견했다. '다케시마의 날' 행사는 이제 시마네현의 단독 행사가 아니라 일본 정부의 공식적인 지지를 받는 행사가 된 것이다.

외교백서와 방위백서에 "독도는 일본 영토"라고 주장하는 내용도 꾸준히 실리고 있다. 다른 국가들에게 독도를 분쟁 지역으로 홍보하려는 의도일 것이다. 2013년 10월 일본 외무성이 독도 영유권을 주장하는 홍보 동영상을 인터넷에 유포한 데 이어, 2014년 1월에는 독도 영유권 주장을 홍보하는 정부 홈페이지를 개설했다.

내각부가 실시한 독도 문제에 대한 특별 여론조사 결과, 일본인의 73.2%가 독도를 일본의 고유 영토라고 생각한다는 결과도 발표되었다. 2015년에 공개된 외교백서에는 "역사적 사실에 비춰 봐도, 국제법상으로도 독도는 명백한 일본 고유의 영토"라고 기술하고 있다. 일본은 더 이상 독도에 대한 야욕을 숨기지 않는다. 군국주의 정책과 독도 도발이 발맞춰 나가고 있다는 생각이 들 정도다.

역사 교과서 왜곡 통한 독도 도발

그런데 이게 다가 아니다. 아베 신조가 집권한 후 가장 치밀하게 진행하고 있는 것은 다름아닌 역사 교과서 왜곡이다.

2013년 고교 2차 연도 사회과 교과서 검정 결과 발표에서 21종 가운데 15종이 독도를 일본 영토로 기술하여 통과됐고, 2014년에는 검정을 통과한 교과서 전체가 독도를 일본 영토라고 기술했다. 그 가운데 초등학교 5·6학년 사회 교과서 4종이 "한국이 독도를 불법으로 점거했다"는 내용을 담았다. 2015년 4월의 중학교 교과서 검정 결과 발표에서는 역사 교과서 18종 중에서 15종이 독도를 일본의 고유 영토라고 표기했으며, 그 가운데 13종은 "한국이 불법 점거했다"는 표현을 사용했다. 해가 갈수록 교과서 왜곡이 심각해지고 있는 것이다.

어렸을 때부터 자신들의 영토를 다른 나라가 불법적으로 점거한 채 돌려주지 않는다고 지속적으로 배운다면 어떨까. 크든 작든 상대국에 대한 적개심, 또는 반발심이 자연스레 형성되지 않을까. 학생들은 학교 교육을 통해 일본이라는 조국을 괴롭히는 외부의

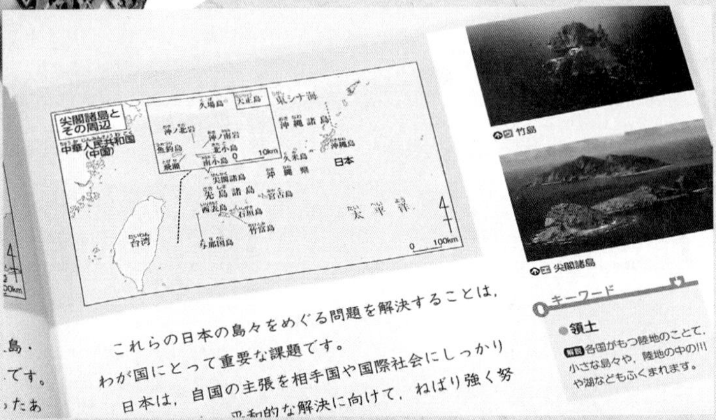

+

"한국이 독도를 불법으로 점거했다"는 내용이 실린 일본 역사 교과서

적을 갖게 되는 것이다. 내부 사정이 어려울 때 외부의 적으로 눈을 돌리게 하는 것은 일본의 오랜 정치 행태이다. 임진왜란도, 한반도 침탈과 제국주의 침략 전쟁도 모두 내부의 어려움을 타파하기 위해 외부로 눈을 돌린 결과라 해도 과언이 아니다.

_ 어느 순간, 독도가 일본 땅인 것처럼 생각하고 있는 일본인들이 이것을 여론으로 몰아서 조선에 대해 강력한 항의와 군사적 행동을 취할 때 과연 우리는 어떤 방어책을 갖고 있느냐 심각하게 고민해야 합니다. _

전계완 정치평론가

역사 교과서 왜곡을 통한 독도 도발은 아베 정부만의 행보는 아니다. 1997년 극우 단체인 '새로운 역사교과서를 만드는 모임'이 출범한 이후, 그들은 직접 우익 성향의 중학교 역사 교과서를 출간하기 시작했다. 그 결과 2001년부터 역사적 사실을 왜곡한 교과서들이 무더기로 검정을 통과하기 시작했다. 정부가 우익단체의 움직임에 발을 맞추기 시작한 것이다. 2006년에는 교육기본법을 개정까지 해서 애국심과 국가주의 교육을 강화하도록 했다. 이후 일본에서는 침략적 역사관에 근거한 교과서가 점차 늘어나기 시작했다.

2008년에는 독도를 분쟁 지역으로 소개하고 교육하려는 움직임이 포착되었다. 이때 개정된 중학교 사회과 교과서 학습지도요령 해설서에는 "한·일 양국 사이에 독도에 대한 주장의 차이가 있다는 것을 설명할 필요가 있고, 북방 영토와 마찬가지로 독도 문제에 대한 이해를 심화시킬 필요가 있다"는 내용이 담겨 있다.

이러한 내용은 2009년 고등학교 교과서 학습지도요령 해설서에, 그리고 2010년 초등학교 사회과 교과서에도 실리게 된다. 이때 검정을 통과한 초등학교 5개 종 사회 교과서에는 "독도는 일본 땅이며 분쟁 지역"이라고 표시한 지도가 등장했다. "독도에 대한 주장의 차이가 있다" 정도의 내용이 학습지도요령 해설서에 실리던 것이 몇 년 새 학생들이 직접 받아 보는 교과서에 "일본 땅 독도는 현재 분쟁 중"이라는 내용으로까지 나아간 것이다.

2011년부터는 교과서의 기술 내용에 일본의 속내가 점점 더 노골적으로 드러나고 있다. 당시 공민·지리 교과서 13종에서 독도를 일본 영토로 명기했으며, 역사 교과서 8종 가운데 2종에서 일본의 침략 역사를 정당화하는 내용이 실렸다. 2012년에는 고등학교 사회과 교과서 39종 중 21종의 역사 왜곡 교과서가 검정을 통과했다. 10여 년에 걸친 점진적인 역사 교과서 왜곡에 아베 정부는 가속 페달을 밟았을 뿐이다.

2014년 문부과학성은 근현대사 교과서 검정 기준을 '정부의 통일된 견해'를 기술하도록 개정했다. 2015년부터 사용되는 초등학교 5~6학년 사회과 교과서에는 모두 "독도는 일본의 고유 영토이나 한국이 불법으로 점령했다"는 설명을 담았다. 호사카 유지 교수는 "초등학교 5~6학년 교과서에 이를 싣는 것은 논리를 초월해 머리 속에 각인시키려는 의도가 분명하며, 다음 세대까지 독도 논쟁을 가져가겠다는 속셈"이라고 말한다. 일본은 그들의 교과서를 왜곡하는 것에 그치지 않고 지난 수십 년 간 한국의 역사 교과서를 연구, 분석해 왔다. 그리고 이제는 초·중학교 부교재에 한국 역사 교과서의 독도 부분 기술을 실어 직접 가르치고 있다. 나를 알고, 상대에 대해서도 알 수 있게 교육하겠다는 것이다.

세 번째 '독도戰' 준비하고 있는 일본

왜곡된 교과서를 통한 자국민 교육이 전부는 아니다. 일본 정부는 제3국의 국민과 전문가들에게 집중적으로 '다케시마'를 홍보하라고 권고하고 있다. 일본 고유의 영토인 다케시마를 한국이 불법 점거하고 있다는 내용의 홍보 동영상을 정부 차원에서 제작, 배포할 정도로 적극적이다. 엄연한 대한민국의 영토인 독도를 분쟁 지역으로 전 세계에 각인시키는 동시에 자기들에게 유리한 판결을 내려줄 제3국의 배심원들을 만들어 나가고 있는 것이다. 외국 교과서에 동해와 독도가 어떻게 표기되어 있는지를 살펴본다면 우리가 방심하는 사이 외교전과 홍보전에서 얼마나 밀리고 있는지를 확인할 수 있다.

대부분의 국가 교과서 지도에는 '동해'보다 '일본해' 단독 표기가 훨씬 많다. 독도 사정도 다르지 않다. 독도가 표기된 7개국 교과서 중 4개는 독도를 다케시마 혹은 일본 영토로 표기했고, 나머지도 독도를 단독 표기가 아닌 '독도-다케시마' 혹은 '리앙쿠르 락'으로 표기하고 있다. 일본의 역사 교과서 왜곡을 경계하는 것 못지않게 다른 나라들에게 독도의 이름과 소속을 분명히 알리는 것 또한 중요한 일이 아닐 수 없다.

독도와 관련된 교과서 왜곡이나 대외 홍보 전략 등을 살펴보면 일본은 정권과 관계없이 일관된 목표 아래 장기 프로젝트를 진행

OECD 국가 교과서별 동해 및 독도 표기 현황

구분	국가	동해 표기 현황	독도 표기 현황
1	호 주	일본해	표기 없음 / 일본 영토 표기
2	오스트리아	일본해(동해)	독도 / 다케시마
3	벨기에	일본해	표기 없음
4	캐나다	일본해(동해)	표기 없음
5	칠 레	일본해	표기 없음
6	체 코	일본해	표기 없음
7	덴마크		
8	에스토니아		
9	핀란드		
10	프랑스	일본해	표기 없음
11	독 일	일본해(동해)	리앙쿠르 락
12	그리스	일본해	표기 없음
13	헝가리		
14	아이슬란드		
15	아일랜드		
16	이스라엘		
17	이탈리아	일본해/동해	표기 없음
18	일 본	일본해	다케시마
19	한 국	동해	독도
20	룩셈부르크		
21	멕시코	일본해	표기 없음
22	네덜란드		
23	뉴질랜드		표기 없음
24	노르웨이		
25	폴란드		
26	포르투갈		
27	슬로바키아		
28	슬로베니아		
29	스페인	일본해	표기 없음
30	스웨덴	일본해	표기 없음
31	스위스		
32	터 키	일본해	울릉도를 일본 영토로 표기
33	영 국	일본해(동해)	표기 없음
34	미 국	일본해	표기 없음

출처 : 최재천 의원 보도자료 (한국학 중앙연구원, OECD 34개국 중 19개국 교과서 소장)

하고 있는 듯한 느낌을 준다. 치밀하고 계획적으로 독도 분쟁, 아니 세 번째 독도전을 준비하고 있다는 생각이 드는 것이다.

그에 비해 우리나라는 어떠한가? 정권이 바뀔 때마다 대응 방식이 달라지고, 일본의 도발에 대처하는 수위도 들쭉날쭉이다. 17세기와 19세기 두 번에 걸쳐 치른 지난 독도전에서 우리가, 아니 그때 당시의 집권세력이 어떤 실수를 저질렀는지, 그 결과가 어땠는지를 결코 잊어서는 안 된다.

_ 일본은 국제법적으로도 독도가 자기 땅이 아니라는 것을 잘 알고 있습니다. 그럼에도 독도 도발을 일상화하고 있습니다. 목적이 있겠죠. 저는 구한말을 다시 생각해 봅니다. 조선과 만주를 정벌하기 위해서 첫 번째 다케시마라는 울릉도와 독도를 우선적으로 점령해야 한다는 요시다 쇼인과 그 후예 제국주의자들이 울릉도를 시발로 삼았듯이, 지금 독도 도발을 일상화하고 있는 아베 정권의 속마음은 독도를 분쟁과 침탈의 촉매로 쓸 가능성이 굉장히 높다는 것입니다. _ 전계완 정치평론가

독도 문제는 일 년에 한두 번 일본의 도발로 일어나는 단발적인 사건이 아니다. 그 본질은 수세기 전부터 이어진 일본의 뿌리 깊은 욕망에서 찾아야 한다. 17세기 치열한 외교전을 통해 지켜낸 우리의 땅 울릉도와 독도. 그러나 19세기 가장 먼저 침탈당한 땅 역시 울릉도와 독도였다. 이제 21세기 독도전은 어떤 결말을 갖게 될까.

_ 힘이 있는 자가 가지는 겁니다. 힘이 없으면 또 뺏깁니다. 이것은 현실입니다. _ 주강현 교수

에필로그

'동해와 독도' 표기를 둘러싼 소리 없는 전쟁

역사 교과서 왜곡과 독도 분쟁 지역화

힘이 없으면 빼앗긴다!

2014년 2월, 포항MBC의 독도 연속기획 일곱 번째 다큐멘터리 제작을 맡게 된 우리에게 주어진 아이템은 '수토사'였다. 조선시대, 울릉도와 독도를 왜인들로부터 지키기 위해 파견된 수토사는 분명 다룰 만한 가치가 있는 소재였다.

그러나 취재를 시작하자마자 맞닥뜨린 감정은 '막막함'이었다. 수토사와 관련된 자료가 너무나도 부족했기 때문이다. 『한길댁 일기』를 발굴해 낸 배재홍 교수의 말처럼 실록을 비롯한 관찬 자료에는 단편적인 이야기들뿐이었고, 민간 사료의 발굴은 지금부터 해 나가야 할 연구 과제였다. 수토사의 활약상을 그려내는 것은 불가능했다.

그런데 수토사와 관련된 자료를 수집하는 과정에서 수토제를 시작하게 된 배경이 더 눈에 들어오기 시작했다. '울릉도 쟁계', 그것은 한·일 최초의 영토 분쟁이었고, 승리의 기록이었으며, 독도 영유권의 역사적 권원을 주장할 수 있는 여러 중요한 자료들을 만들어낸 사건이었다.

그리고 무엇보다 '울릉도 쟁계' 당시 독도뿐 아니라, 하마터면 울릉도마저 일본에 빼앗겨 버릴 뻔했던 상황을 주목하게 됐다. 그것은 정치인들이 해양 영토를 바라보는 시각과 비전에 따라 언제든지 되풀이될 수 있는 일이었다. '해양 영토를 확장하기 위한 일본의 노력은 점차 공격적으로 진행되고 있는데 우리나라의 대처는 빈틈이 없는가' 의문도 들었다. 그렇기에 '울릉도 쟁계'는 지금 다시 꺼내 보아야 할 이야기라고 생각했다.

이 책의 프롤로그에서 우리는 만약 '울릉도 쟁계'를 현재로 가져온다면 어떻게 비춰질까라는 가정에서 이야기를 시작했다. 이야기를 마친 지금, 만약 17세기 '울릉도 쟁계'가 우리의 패배로 끝났다면 현재는 어떻게 달라졌을까 상상해 보게 된다.

울릉도의 이름은 현재 일본이 독도를 일컫는 그 이름 '다케시마'가 되어 있을 것이고, 독도 역시 '마츠시마'라는 이름으로 당연히 일본 땅이 되어 있을 것이다. '동해'냐 '일본해'냐는 논쟁이 벌어지는 이 바다의 호칭 역시 '일본해'가 되었을 것이다. 해양 영토의 기준인 12해리를 일본 영토 다케시마(울릉도)로부터 한반도 방향으로 산정한다면, 우리의 동해 면적은 대략 20분의 1로 줄어들 것이며, 일본 어선과 군함이 앞바다에 출현하는 것 또한 우리의 일상이 되었을 것이다.

다행히 일어나지 않은 일이지만 "울릉도를 발판으로 삼아야 한다"고 주장했던 요시다 쇼인의 시각이 당시 얼마나 날카로운 것이었는지 새삼 깨닫게 된다. 동시에 요시다 쇼인을 가장 존경하는 인물로 꼽았던 아베 총리를 떠올리지 않을 수 없다. 아베 총리의 독도 도발과 교과서 왜곡, 그리고 집단적 자위권 행사를 위한 공격적인 행보를 보면 그가 요시다 쇼인의 후예임이 염려스러울 정도다.

이 글을 쓰고 있던 2015년 8월 14일, 아베 총리는 전후 70년 담화문을 발표했다. '일본'이라는 주어가 빠진 반성과 과거형 진술로 논란이 많았지만 가장 놀라웠던 것은 다음 문장이었다.

> "이제 일본도 전후 태어난 세대가 바야흐로 전체 인구의 80%를 넘어섰습니다. 과거 전쟁과 아무런 관련이 없는 우리의 아이들과 손자, 그리고 그다음 세대에게도 계속 사죄의 숙명을 안겨주어서는 안 됩니다."

이 문장이 글자 그대로 읽히지 않는 이유는 본문에서 언급했던 교과서 왜곡, 독도의 분쟁 지역화, 집단적 자위권 행사의 추진 등 아베 정권의 정책들과 맞물려 읽히기 때문이다. '전쟁과 상관없는 세대'에게 지금 일본은 '독도가 일본의 영토이며, 되찾아야 할 땅'이라고 가르치고 있다. 반성해야 할 과거가 없는(혹은 모르는) 세대를 만들며 동시에 그들에게 자신들의 영토를 불법 점거하고 있는 적을 인지시키고, 되찾아야 할 땅이라는 과제를 전달하고 있는 셈이다. 때문에 "사죄의 숙명을 다음 세대에 물려주지 않겠다"는 아베 총리의 발언은 '패전국에서 벗어나 다시 전쟁을 할 수 있는 나라'

가 되기 위해 집단적 자위권을 행사하려는 아베 총리의 결심을 다시 한 번 드러내는 문구로 읽힌다.

일본이 다음 세대에게 사죄의 숙명을 안기지 않을 수 있는 방법은 제대로 된 반성과 사과, 그리고 올바른 역사 교육일 것이다. 아베 총리는 앞의 문장에 이어 다음과 같이 덧붙였다.

> "그래도 역시 우리 일본인은 세대를 넘어 과거 역사와 정면으로 마주해야 합니다. 겸허한 마음으로 과거를 계승하고 미래로 넘겨줄 책임이 있습니다."

이 말을 지키기 위해서라도 아베 정권은 역사 교과서 왜곡과 독도의 분쟁 지역화를 노리는 도발을 멈춰야 할 것이다.

독도 다큐를 제작하면서 우리가 다룬 것은 17세기와 19세기에 벌어졌던 대표적인 사건들에 지나지 않는다. 아직 다루지 못한, 제대로 진상이 밝혀지지 않은 수많은 독도전戰들이 남아 있다. 특히 마지막 장에서 이야기한 것처럼 전 세계의 지도와 교과서 위에서는 '동해와 독도'의 표기를 둘러싼 소리 없는 독도전戰이 진행 중이며, 이 싸움에서는 일본이 더 적극적인 홍보전에 임하고 있다는 것을 기억해야 한다.

일본은 현재 중국과는 조어도(釣魚島 : 일본명 센카쿠열도, 중국명 댜오위다오)를, 러시아와는 북방4도를 놓고 마찰을 빚고 있다. 일본 입장에서 보면 부담스러울 수 있는 상대, 즉 강한 이웃나라 중국과 러시아와의 영토 분쟁에 앞서 상대적으로 약체로 판단한 한국과의 독도 분쟁을 통해 일본 내의 여론을 환기시키고, 보수우익 진영의 사상을 퍼트리는 기회로 삼기 위해 일본은 끊임없이 영토 분쟁을 시도할 것이다.

그러나 우리는 독도를 둘러싼 영토 분쟁에 절대로 휘말려서는 안 된다. 왜냐하면 독도는 분쟁의 대상이 아니기 때문이다. 다큐를 통해서도 밝혔듯이, 독도는 분쟁의 대상이 아니다. 우리의 역사적 증거는 충분하고 분명하다. 일본은 독도를 2차대전 후의 영토 분쟁 문제로 끌고 가고 싶을 것이고, 또 지속적으로 시도하고 있다.

그러나 일본이 독도를 강제편입하고 점거했던 기록은 제국주의 시대의 침략 전쟁과 식민지 역사의 기록일 뿐이다. 그러니 우리는 독도 문제가 한·일 간의 영토 분쟁이 아니라 일본의 일방적인 도발이라는 것을 전 세계에 알려 나갈 필요가 있다. 일본이 독도를 자신들의 영토라 주장하는 것은 곧 일본 제국주의 침략 전쟁을 통해 획득했던 식민지 영토에 대한 권리를 주장하는 뻔뻔한 행위일 뿐이다. 일본의 독도 도발은 언제든지 전쟁을 할 수 있는 국가가 되기 위해 평화헌법을 부정하려는 아베 정권의 행보와 같은 퍼즐의 조각인 것이다.

독도는 대한민국의 영토이다. 현재까지는 그러하다. 그러나 힘이 없으면 빼앗기는 것이 현실이라는 주강현 교수의 말이 무겁게 다가온다. 19세기에 우리는 독도뿐 아니라 나라 전체를 빼앗긴 기억이 있지 않은가. 우리는 독도 문제의 본질을 세계에 알리는 동시에 일본이 독도 문제를 얼마나 집요하고도 체계적으로 끌고 가고 있는지를 간과해서는 안 된다.

포항 MBC 특별기획 다큐멘터리 <독도戰> 제작에 참여한 스태프들과
도움 주신 모든 분들에게 다시 한 번 고마움을 전합니다.

제작지원	경상북도 울진군
내레이션	이종혁(배우)

제작·기술

기획	최동렬	제작	포항MBC
음악	김병균	컴퓨터그래픽	마음 커뮤니케이션
특수영상	이성희	CG	이영민
종합편집	윤진성	녹음	비바체 미디어
헬리캠	최임수	기술감독	이병렬

촬영 협조

국내	서울대학교 규장각 한국학연구원 | 국립제주박물관 | 동북아역사재단 | 국립중앙도서관 | 국회도서관 | 독도박물관 | 의성조문국 박물관 | 국사편찬위원회 | 의성 경덕사 | 독도경비대 | 한동대 디자인연구소
일본	요나고 산음역사관 | 시마네현립 박물관 | 요시다 쇼인 신사 | 국립국회 도서관

자료 협조

국내 자료	김호동 교수(영남대학교 독도연구소) | 송휘영 교수(영남대학교 독도연구소) | 손승철 교수(강원대학교) | 주강현 교수(제주대학교) | 홍성근 소장, 김영수 박사, 이훈 박사(동북아역사재단) 호사카 유지 교수(세종대학교) | 배재홍 교수(강원대학교) | 전계완(정치평론가) | 허영란 교수(울산대학교) | 이상태 교수(국제문화대학원대) | 정갑용 교수(영산대학교) | 심현용 학예사(울진군)
일본 자료	츠카모토 타카시(도카이대학) | 후쿠하라 유우지(시마네현립대학교) | 이시하라 슌(메이지학원대학)

재연 드라마 스태프

배우	문원준 이성민 변주현 김강수 오상명 이대승 임용순 박정환 김기범 추천		
재연 조명	이도원	재연 음향	브라보 사운드
재연 분장	정구학	크로마키스튜디오	IMG
외주 카메라	이재홍	의상	MBC 미술센터

자료 조사	유성은 서은영 이혜민 최병찬
일본 코디네이터	JBC 김종우
촬영	신재민